中国环境与发展国际合作委员会

"绿色转型与可持续社会治理"专题政策研究项目（2018 年—2021 年）成果

任 勇 等 著

中国绿色消费战略研究

CHINA'S
GREEN CONSUMPTION
STRATEGY

社会科学文献出版社
SOCIAL SCIENCES ACADEMIC PRESS (CHINA)

序

2017 年，党的十九大首次提出，中国正处在从高速增长转向高质量发展阶段。2020 年，党的十九届五中全会对经济社会发展全面绿色转型提出明确的目标和任务要求。消费是拉动经济增长的主要动力，是推动高质量发展和绿色转型的重要动能。从中国整体绿色发展转型进程和状态看，不平衡不协调的问题比较突出。在整个经济社会系统中，经济维度的绿色转型发展较快较好，社会维度相对滞后。在经济系统内部，推动生产领域绿色转型的措施较强，推动消费领域绿色转型的措施较为薄弱，因此，如何在社会生活和消费领域推动绿色转型是中国政府需要关注和解决的重大关键问题。要解决这一问题，首要任务是要明确消费绿色转型在推动国家绿色发展、满足人民日益增长的美好生活需要以及实现治理体系现代化进程中的战略定位、角色和作用。绿色消费既是满足人民日益增长的美好生活需要的支撑点和推动高质量发展的增长极，也是促进经济和社会系统绿色转型以及推动供给侧结构性改革的重要内容和手段。目前，中国正处于推动消费绿色转型的机遇期、窗口期，抓住这一珍贵时期，及时引导，加快促进形成覆盖全社会、全民的资源节约和环境友好型的消费模式与生活方式，对提振消费内需、缓解经济下行压力、整体推动实现高质量发展和生态文明建设意义重大。

为推动解决这个重大问题，2018 年，第六届中国环境与发展国际合作委员会（以下简称"国合会"）成立创新与可持续生产和消费课题组，课题组中方组长由时任中央财经委员会办公室分管日常工作的副主任、国合会委员韩文秀担任，外方组长由世界自然基金会（WWF）总干事、国合会委员兰博蒂尼先生和沃尔玛基金会主席、沃尔玛公司高级副总裁兼首席可持续发展官、国合会委员麦克劳克林女士担任。课题组总体目标是为中国在推进生态文明建设中，如何推动形成绿色消费及生活方式与绿色生产方式、改善相关社会治理体系提供决策咨询。

对这一重要问题的研究正处于新冠疫情肆虐的时期，研究工作克服了很多困难，但也迫使我们进行了很多更深入和富有创新性的思考。

2018~2021 年，课题组分三个阶段重点开展了绿色转型与可持续社会治理专题研究，专题研究中方组长为时任生态环境部环境发展中心主任、研究员任勇，时任中央财经委员会办公室秘书局张勇局长、时任国务院办公厅督查室范必督查专员作为联合组长；外方组长由瑞典前副首相兼气候与环境大臣、国合会委员罗姆松担任，副组长为时任美国环保协会副总裁张建宇。研究团队由来自生态环境部环境发展中心和环境与经济政策研究中心、国务院发展研究中心、国家信息中心、商务部研究院、国家发展改革委能源研究所、中国汽车技术研究中心以及瑞典环保局、德国联邦环境局、瑞典环境研究院、荷兰养老基金会、日本全球环境战略研究机构、日本环境卫生协会、促进企业可持续发展项目、慕尼黑工业大学和联合国环境署亚太办公室等中外机构的专家组成。

第一阶段（2019 年度）专题研究重点探讨了绿色消费（生活方式）与绿色转型的作用机理，定量分析了中国消费及其资源环境效应的现状与趋势，梳理了中国绿色消费（生活方式）政策与实践状况，总结了绿色消费（生活方式）国际经验，最后提出了促进中国绿色消费的战略性建议。

第二阶段（2020 年度）专题研究工作主要包括如下几个。一是绿色消费与绿色转型及高质量发展关系的评估分析。通过可计算一般均衡模型（CGE）等定量分析工具，分析了绿色消费对推动经济绿色转型和高质量发展的贡献和作用，并识别出贡献最大的消费领域或因素。二是构建绿色消费指标体系，建立用于衡量绿色消费进程和效果的指标体系与评估方法，作为国家推动绿色消费工作的有关统计、信息公开以及确定重点任务和目标的基础和依据。三是开展绿色消费及生产行业案例研究，包括绿色建筑、绿色汽车生产与消费、绿色电力市场改革、绿色物流、数字低碳化生活平台等，同时，对绿色金融、可持续食物链等开展探索。四是绿色消费国际经验研究。五是构建中国"十四五"时期推动绿色消费的总体思路。

第三阶段（2021 年度）专题研究集中在三个方面：一是根据中国生态文明建设和世界绿色低碳发展的新形势，研究中国"十四五"时期推进绿色生产与消费需要关注的新的政策问题；二是围绕中国"十四五"规划提出的绿色生产与消费目标和任务，研究更进一步和具体的政策措施，包括汽车行业绿色低碳发展的税制改革、钢铁行业绿色设计政策、垃圾处理设施生态设计政策、食物绿色消费政策、绿色标识认证政策等；三是继续研究中国绿色消费的评价指标问题并开展实证分析，同时，继续利用CGE模型对中国"十四五"时期绿色消费趋势、政策干预情景开展模拟分析。

专题研究结论和政策建议得到了国合会委员的广泛关注和高度评价。特别令人鼓舞的是，专题提出的有关政策建议得到了中国政府有关部门的高度重视，2021年发布的《中华人民共和国国民经济和社会发展第十四个五年规划和2035年远景目标纲要》对经济社会绿色转型、绿色生产和消费提出了宏大而深入的目标和措施要求。

专题研究成果是各位专题组中外成员合作努力的结果。在研究中，课题组组长，特别是韩文秀先生，国合会中外首席顾问等领导和专家给予了很多非常有价值的指导；国合会秘书长、生态环境部副部长赵英民先生，时任国合会副秘书长、生态环境部国际合作司司长郭敬先生，国合会秘书处给予了大力支持；瑞典环境部和瑞典驻华大使馆、美国环保协会等中外机构对专题研究工作给予了高度关注和大力支持。

本书是专题研究主要成果的集成。研究成果必然会有不足；同时，今天看两年前的研究成果既有正逢其时的价值，但也尚有不尽如人意的方面，恳请读者批评指正。

是为序。

2023 年 12 月

绿色转型与可持续社会治理
主要研究结论与政策建议

2019年度
绿色消费与绿色转型的作用机理

一、中国改革开放 40 年来，伴随经济社会发展，城乡居民消费无论是在规模、结构还是在方式等方面都发生了巨大变化，呈现出前所未有的特征。包括：消费规模持续快速扩张，居民消费增长空间巨大；居民消费已从温饱向小康转型升级，消费方式也日益多元化；消费对中国经济增长的贡献率快速提升，成为驱动经济增长的重要引擎。同时，中国消费领域对资源环境的压力持续加大，消费对资源能源的需求持续刚性增长，过度型、浪费型等不合理消费方式加剧了资源环境问题，消费领域成为环境污染和温室气体排放的主要来源。

二、消费已经成为中国推动整体绿色转型的关键因素。自 2004 年以来中国绿色转型程度逐年提高。2008 年之前，生产和消费领域绿色转型都在进步，但自 2008 年起绿色转型势头趋于平缓并出现起伏波动。总体来看，生产领域绿色转型在持续进步，对整体绿色转型发挥了积极的支撑作用，但是消费领域绿色转型自 2008 年以来下滑趋势明显，到 2012 年消费领域绿色转型下滑程度超过生产领域绿色转型提升程度，可以说，生产领域绿色转型的效率提升未能弥补消费规模扩张带来的消极资源环境影响，绿色转型中消费领域成为制约整体转型的短板，消费领域绿色转型的大幅提升将对中国整体绿色转型和高质量发展发挥决定性作用。

三、绿色消费可以通过多重传导机制推动绿色转型。消费的绿色化对生产的绿色化发挥着引导和倒逼的作用，经绿色理念和措施引导的消费规模、消费方式、消费结构、消费质量、消费偏好的变化必然会传导到生产领域，影响要素资源的配置方向、生产方式的改进、产品结构的调整和产品品质的改善。绿色消费也是促进绿色生活方式形成的核心内容，是推动全民行动的有效途径。绿色消费活动可将绿色理念和要求传递、渗透到公众生活的各个方面，引导、带动公众积极践行绿色理念和要求，形成绿色生活全民行动，改善社会绿色转型的治理体系。

四、绿色消费能够成为绿色转型的新动能。中国绿色消费需求和市场不断扩大，居民消费不断升级，绿色消费品种不断丰富，绿色消费群体规模不断扩大，绿色消费意愿不断提升。绿色消费的转型升级可以引领以环境标志产品为代表的绿色生态产品和服务的供给创新，通过绿色生态产品和服务的供给创造新的绿色消费需求，这种绿色生产与消费、绿色供给与需求的良性互动循环不仅能促进经济绿色增长，增加新的就业渠道和平台，推动供给侧结构性改革，成为经济增长的新动能和新引擎；而且也可以大幅减少资源消耗和减弱环境退化，成为生态环境质量改善的内生条件，实现环境与经济的双赢。

五、绿色消费有助于推动生态环境治理体系现代化。建立引领绿色消费的制度机制，一是可以将生态环境治理从生产环节拓展到消费环节，拓展生态环境治理的领域，增加激励和自愿领跑的方式，有助于建立激励与约束并举的制度体系；二是消费是社会公众的基本行为选择，绿色消费可以促使公众真正进入环境治理过程，用其绿色消费行为以及绿色生态产品选择倒逼企业改善环境、增加绿色生态产品供给，是切实的、自发的公众参与生态环境保护的行为；三是消费端的绿色转型通过绿色供应链实践传导至生产端，可以引导产业链条中的"绿色先进"企业管理"绿色落后"企业，开辟生态环境治理的新途径，完善生态环境治理体系。

六、居民消费理念、收入水平、消费偏好以及公共政策、绿色生态产品供给质量和价格水平等对推动绿色消费至关重要。消费者的绿色消费理念、环境意识和环境知识能够有效地提升对产品和服务绿色价值的认知，并间接影响绿色消费行为。公共政策主要通过影响消费者个体对环境和绿色消费的认知，最终影响其绿色购买、绿色生态产品使用和废弃物处置的态度。绿色生态产品供给价格高低会影响绿色消费水平的变化和绿色消费普及程度，因此需注意规范绿色消费品市场，保证产品和服务质量，以便在绿色供给和绿色消费之间形成良性循环。技术进步对提升居民的绿色消费水平有着重要的影响。

七、总体上看，中国居民衣、食、住、行等方面的绿色消费政策都取得了积极成效，但是部分绿色消费政策的执行还有改进的空间。从政策框架和实践来看，当前绿色消费政策不少，但较为分散，未形成系统有效的政策框架体系。具体表现为：一是缺乏系统谋划和顶层设计，多数绿色消费政策为理念性、指导性和自愿性政策，门类不全，政策层次及效力较低，可操作性不够；二是绿色消费政策对资源能源节约关注较多，对生态环保关注较少，经济政策激励普遍不足，调控作用有限；三是绿色消费相关政府职能分散，生态环境部门作用有待提升，政策及管理碎片化等问题较为突出，如果不进行相关政策的系统设计和整合，绿色消费的环境经济效果将会大打折扣。

八、将绿色消费纳入国家"十四五"发展规划时机和条件已经成熟。目前，中国正处在推动消费绿色转型的机遇期、窗口期，其主要特征是消费正从温饱向小康全面转型升级，居民消费方式和意愿正在发生明显变化，消费对经济的拉动作用在显著增强，中国正处于新的社会消费习惯与模式的形成期。中国当前推动消费绿色转型具有强烈的政治意愿。国家主席习近平在 2017 年 5 月就推动形成绿色发展方式和绿色生活方式问题进行了专门论述。中国政府也为推动形成绿色生活方式和绿色消费提供了强有力的行动指南。推动消费绿色转型具有日益成熟的社会基础和较好的实践基础。中国公众的环境意识、参与意识和环境维权意识明显提升，对享有良好生活质量的要求和期待日益增长，形成了推动绿色消费的社会基础；同时，中国在绿色消费领域积累了一些有益的政策和实践基础，国际社会也有诸多好的做法可资借鉴。抓住这一珍贵的窗口期和关键期，及时引导，加快促进形成覆盖全社会和全民的资源节约和环境友好型的消费模式与生活方式，对中国整体实现高质量发展和生态文明建设意义重大。

2020年度
绿色消费与绿色转型及高质量发展关系的评估

一、综合考虑推进高质量发展和生态文明建设以及新冠疫情后绿色复苏的形势，中国政府应将绿色消费和生活方式问题放在更加突出的战略地位，通过"十四五"规划全面推动相关实践。其理由至少有六个方面。

第一，从消费规模和结构看，中国开始进入消费全面升级转型阶段，这也是培育新消费模式——绿色消费与生活方式的窗口期和机遇期。从一些工业化国家的教训看，错过这个窗口期，一旦新的大量消费、大量废弃的模式形成后是很难逆转的。

第二，定量评估发现，从 2012 年开始，中国消费领域资源环境绩效的下降部分抵消了生产领域资源环境绩效的改进，从而拖滞了整个经济绿色转型的速度，而且随着消费规模的不断扩大，这种效应更加明显。也就是说，消费领域对资源环境领域的压力持续快速增加。对该现象，需要警惕。

第三，近年来，最终消费持续成为拉动中国经济增长的第一动力。CGE 模型分析表明，如果实施绿色消费，对经济增长和就业都有长期的正效应，特别是涉及衣食住行方面的绿色消费，会成为这些行业较快增长的新动能；其中，食品制造绿色化、电动汽车、批发零售绿色化对相应行业的绿色发展带动效果最为显著。这一结论对新冠疫情后的绿色复苏有重要启示意义。

第四，中国全面推动形成绿色消费具备了良好的社会基础。《中国公众绿色消费现状调查研究报告（2019版）》显示，绿色消费的概念在公众的日常消费理念中越来越普及，83.34%的受访者表示支持绿色消费行为，其中46.75%的受访者表示"非常支持"。《2019绿色消费趋势发展报告》显示，2019年京东平台上与绿色消费相关的商品销量同比增幅较平台上所有商品销售增幅高出18个百分点。在新冠疫情期间，公众对人与自然关系的反思比以往任何时期都普遍和强烈，会进一步提升绿色消费的意愿。

第五，消费是每位公民和所有团体的共同行为，绿色消费是所有人践行生态文明建设的具体行动。推动形成绿色消费与生活方式无疑是构建共建共治共享治理体系的有效举措。

第六，欧盟、德国、瑞典等组织和国家已经将可持续消费纳入国家总体发展战略中，将其作为经济增长和提升人民福祉的新引擎，产生了良好的实践效果。

因此，中国应抓住消费升级转型的窗口期和实施"十四五"规划的机遇期，将中央政府对推动形成绿色消费和生活方式的强烈政治意愿全面付诸下一个五年绿色发展和生态文明建设的具体实践。

二、建立"十四五"时期中国推动绿色消费的目标指标

目前，中国总体上还没有建立专门、明确、系统的关于绿色消费的中长期目标及具体的监测衡量指标。根据当前绿色消费政策和实践进展以及高质量发展和生态文明建设要求，中国"十四五"时期推动绿色消费的总体目标可考虑确定为：坚持生态文明理念，大幅提升绿色消费水平，加快推动形成绿色生产方

式，为改善生态环境质量、实现高质量发展提供新的内生动能。具体可包括：全社会绿色消费意识大幅提升，绿色消费产品市场供给大幅增加，绿色、低碳、节约的消费模式和生活方式初步形成，激励约束并举的绿色消费政策体系基本建立。

结合联合国 2030 年可持续消费目标，参考德国、瑞典等国家做法，用定性定量相结合的方法，中国应建立绿色消费指标体系，用以监测、评估绿色消费整体状况和水平，也可以根据这些指标来确定"十四五"时期的具体目标值。绿色消费指标可以分为总体性指标和领域指标。总体性指标可采用人均生活二氧化碳排放增长、人均日生活用水量、主要绿色产品产值、政府绿色采购比例等；领域指标可按衣、食、住、行、用、游等领域分别选择能够反映主要资源环境绩效状况的、可获取数据的指标。

三、将衣、食、住、行、用、游作为中国"十四五"时期推动绿色消费的重点领域

2020 年，中国衣、食、住、行（及通信）、用（生活用品及服务）等领域的消费占居民总消费的 75%以上。CGE 模型分析表明，这一结构在未来 15 年内不会有明显变化；这 5 个领域是居民消费中对资源环境影响较大的领域；同时，在食品、居住、生活用品及服务、交通通信领域，1 个单位的绿色产品消费对经济产出的拉动系数分别是 2.5、3.0、3.8、2.7，经济拉动和资源环境绩效明显。德国、瑞典等国家基于 CO_2 的排放贡献，一般将食品、住房和交通（包括旅游）确定为可持续消费的重点领域。

为此，中国应将衣、食、住、行、用、游作为"十四五"及未来一个时期推动绿色消费的重点领域。主要任务是优先增加相关领域的绿色产品和服务的有效供给，同时，做好减量、再利

用和循环。

一是推动绿色饮食。开展仓储—运输—零售—餐桌全链条的反食物浪费行动，全面实施餐饮绿色外卖计划，统一和强化绿色有机食品认证体系和标准，扩大绿色食物有效供给。

二是推动绿色建筑。引导有条件的地区和城市新建建筑全面执行绿色建筑标准，扩大绿色建筑强制推广范围；在老旧小区改造中推行绿色建筑标准。实施绿色建材生产和应用行动计划，全面推动绿色建筑设计、施工、运行，强化绿色家居用品环境标志特别是能效标识认证，扩大高能效绿色家居产品有效供给。

三是推动绿色出行。鼓励步行、自行车和公共交通等低碳出行方式，加大新能源汽车推广力度，鼓励公交、环卫、出租、通勤、城市邮政快递作业、城市物流等领域新增和更新车辆采用新能源和清洁能源汽车，推进国家生态文明试验区、大气污染防治重点区域等加大新能源汽车推广使用力度。

四是推动绿色家用。鼓励消费者选用节能家电、高效照明产品、节水器具、绿色建材等绿色产品，鼓励企业提供并允许消费者选择可重复使用、耐用和可维修的产品，支持发展共享经济，鼓励个人闲置资源有效再利用，完善社会再生资源回收体系，推进快递包装的绿色化、减量化和可循环，严格执行政府对节能环保产品的优先采购和强制采购制度，扩大政府绿色采购范围和规模。

五是推动绿色穿衣。开展旧衣"零抛弃"活动和"衣物重生"活动，抵制珍稀动物皮毛制品，保护生物多样性，支持和促进纺织服装企业构建绿色供应链，提高废旧纺织品在土工建筑、建材、汽车、家居装潢等领域的再利用水平，强化纺织品和衣物的环境标志认证，大幅提高绿色纺织品和衣服的有效供给。

六是推动绿色旅游。制定发布绿色旅游消费公约和消费指南，鼓励旅游饭店、景区等推出绿色旅游消费奖励措施，制定/修订绿色市场、绿色宾馆、绿色饭店、绿色旅游等绿色服务评价办法，星级宾馆、连锁酒店要逐步减少一次性用品的免费提供，试行按需提供，将绿色旅游信息整合到相关旅游推广网站和平台，鼓励消费者旅行自带洗漱用品，推动将生物多样性保护纳入旅游相关标准和认证计划。

四、按照供给侧与需求侧共同发力、激励约束并举、政府企业消费者共建共治共享的原则，构建绿色消费政策体系

消费是经济行为，涉及供给与需求两个方面，绿色消费政策设计必须尊重经济规律；消费也是社会行为，涉及每位社会成员；消费又是文化行为，受价值理念、习俗等因素影响。消费政策设计需要明晰各主体责任义务，兼顾激励机制、监督管理、宣传教育等方面。

政府通过制定法规标准，形成相关绿色消费的促进制度安排。通过产业政策、财税政策、价格政策等，激发消费者的绿色消费愿意和行为；通过制定并实施技术、产品、质量等标准体系，尤其是"领跑者"标准制度，引领产品和服务水平的不断提高；通过检查、监督和管理，保证市场的公开、公平和公正，规范市场运营。

企业通过技术创新促进产品价格的降低，以扩大绿色产品供给规模；承担生态环境保护和企业社会责任，开展产品和服务生命周期评价，采取绿色供应链管理、清洁生产、发展循环经济等措施，降低消费品生命周期中的环境负面影响；在节能环保低碳

产品生产中，重视减材料化；发展智慧物流，通过对绿色消费产品（数量与质量）、品牌、仓储、运输线路、运输工具等的系统优化和管理，降低绿色消费品物流成本，满足消费升级需求。

在良好的政策激励与约束下，在良好的社会氛围和市场环境中，消费者自觉或不自觉地履行保护生态环境的责任与义务，践行绿色消费行为，培育形成绿色生活方式。

五、建立权责明确的绿色消费推进体制机制和技术支持机构，重视发挥女性、青年人、社会组织在推动绿色生活方式中的特殊作用

政府应进一步明晰经济综合、行业主管和生态环境等政府机构在推动绿色消费中的职能定位，制定绿色消费政府部门责任清单，建立跨部门的联动机制，形成推动合力。同时，建立专门推动绿色消费工作的技术支持机构，负责绿色消费研究、信息公开、监测评估、宣传教育、能力建设等具体事务。同时，充分发挥诸如中国消费者协会等社会组织在推动绿色消费中的重要作用。

应重视发挥女性和青年人在推动绿色生活方式中的特殊作用。有关调查显示，80%的家庭消费决定是由女性做出的，女性消费者成为绿色消费的先锋和主力军。青年人对生态环境保护和绿色消费有较强的敏感性，是践行绿色生活方式不可或缺的力量。

德国、瑞典等国家都有上述建议的普遍做法。

六、抓住民众对新冠疫情的反思和记忆，倡议发起全国性绿色生活运动

充分发挥形象正面的明星和社会名流在推动绿色生活方式中的示范引领作用，引导绿色消费成为社会时尚。将绿色消费理念

融入家庭、学校、政府、企业等各级各类机构的相关教育培训中。加强宣传，把绿色消费倡议纳入全国节能宣传周、科普活动周、全国低碳日、环境日等主题宣传教育活动中。建立面向社会公众的绿色消费激励和惩戒制度，加强绿色消费信息披露和公众参与，倡导简约适度、绿色低碳的生产和生活方式，反对奢侈浪费和不合理消费，提高全社会的绿色消费意识。

七、加强绿色消费的基础设施和能力建设

构建绿色消费统计制度，开展绿色消费的监测、数据收集、统计和评估工作。建立全国统一的绿色消费信息平台，发布绿色产品和服务信息，提高绿色产品生产和消费的透明度，鼓励相关方采信绿色产品和服务认证/评价结果。加强对社会组织、企业和公众关于绿色消费的培训，构建各利益相关方的合作伙伴网络，促进多方利益相关者参与。

八、进一步制订绿色消费国家行动计划

根据德国、瑞典等国家的经验，除了用"十四五"规划统领相关任务外，有必要进一步制订配套的绿色消费专项国家行动计划，形成更全面、更深入、更系统的推动形成绿色消费与生活方式的中长期行动方案。

九、需要高度关注的若干绿色生产和消费的具体政策

（一）建立完善绿色建筑标准，将节能环保要求纳入中国正在推进的老旧小区改造，实施绿色化改造，并融入智慧城市、"无废城市"等创建活动中；新建建筑全面推行绿色建筑标准

统计数据显示，居住支出占中国居民消费支出的 23.5%，建筑能耗约占社会总能耗的 1/3。中国既有的近 600 亿平方米建筑，95% 以上是高耗能建筑，单位建筑能耗比同等气候条件的发

达国家高出 2~3 倍；建筑垃圾资源化率不足 5%，远低于发达国家 90% 的水平。另外，有关预测显示，中国老旧小区累积住宅面积在未来十年的增速将明显加快。从老旧小区绿色化改造和新建绿色建筑两个角度，课题组构建的 CGE 模型分析表明，适度增加绿色建设的投资规模，短期内对经济增长、就业和资源环境都有积极的作用。有关研究也显示，与传统建筑相比，绿色建筑可节约能源 30% 左右。

因此，政府应高度重视发展绿色建筑问题，尤其是要抓住目前正在大规模开展老旧小区改造的机会，全面实施绿色改造。具体可从建立完善老旧小区改造的治理机制、完善绿色化标准体系和监管制度、以智能化手段大幅提升绿色化改造质量等方面实现绿色改造的目标。

（二）全面研究制定汽车产业绿色生产与消费政策体系

汽车产业已成为中国经济的支柱性产业，2009 年以来汽车销量连续十年保持全球第一，目前中国汽车相关产业从业人员已超过社会就业总人数的 1/6。然而，汽车使用带来的资源环境问题也越来越凸显，2017 年中国交通运输领域汽油、柴油消耗量分别占全国总消耗量的 46% 和 66%；2018 年，汽车 NO_x 排放量占全国 NO_x 总排放量的 43.6%，但其贡献的 NO_x 减排量却不足 20%。因此，应将汽车产业放在推动绿色生产与消费的重要位置。

中国政府从燃油效率和污染排放标准等角度，在汽车生产和消费、交通、能源政策等环节，推进汽车产业绿色转型取得了明显进展，特别是在新能源汽车产业领域取得了瞩目的成绩。课题组分析结果表明：中国新能源汽车产业政策整体有效，其中，购置补贴政策对新能源汽车产业发展的综合贡献度最高，接近 50%；在促进技术进步、成本下降、市场增长方面作用均最为显著。

但中国汽车产业绿色生产与消费政策体系尚未成型，诸如相关税制征收环节不平衡、与节能减排挂钩不紧密、相关补贴偏重购置环节等问题严重影响了汽车产业的绿色生产与消费。改革的方向应该是针对汽车全产业链建立健全绿色生产与消费的支持政策体系：在生产环节，应鼓励开发和使用非 HFCS 类替代品和替代技术；在购置环节，推动税制改革，加强税收对节能减排的引导作用，同时降低绿色汽车产品购置成本，鼓励绿色消费；在使用环节，应提高绿色汽车产品的使用便利性，降低使用成本；在报废回收环节，推动完善动力蓄电池回收政策和标准，完善再制造产业相关政策以及同保险产业的融合发展，推动再制造产业发展。

在税制改革方面，可考虑如下方面：2021～2025 年对现有新能源汽车车辆购置税免税政策逐步退坡；2026 年后开始实施基于油耗的税收优惠政策，并根据油耗法规调整建立优惠政策动态调整机制；2031～2035 年提高优惠政策门槛，同时引入罚税制度。

（三）加大绿色电力消费市场改革力度

截至 2019 年底，中国可再生能源发电装机达到 7.94 亿千瓦，占全部电力装机的 39.5%；可再生能源发电量达 2.04 万亿千瓦时，占全部发电量的比重为 27.9%；预计到"十四五"末，可再生能源发电量将接近全国总发电量的 40%。

因此，创建绿色电力消费市场，释放企业等用户对绿色电力的需求有重要意义。具体可采取如下措施：一是推广购电协议

（PPA）和虚拟购电协议（VPPA），进一步明确包括可再生能源在内的各类电力参与市场化交易的具体规则；二是减少地方政府的不当行政干预，放开发用电计划和用户选择权；三是引导推动电力用户与水电、风电、太阳能发电等清洁能源发电企业开展市场化交易；四是完善各类用户共同开发使用分布式可再生能源发电的政策和市场环境；五是逐步扩大可再生能源电力直接交易试点；六是明确可再生能源证书的环境属性，增强企业交易信心；七是建立包含各类利益相关方在内的交流平台，加强沟通与合作。

（四）制订国家绿色物流业发展专项行动计划

截至 2018 年末，中国快递业务量达到 507.1 亿件，超过美、日、欧等发达国家和经济体的总和；2018 年快递物流业消耗了 500 亿张快递运单、245 亿个塑料袋、57 亿个封套、143 亿个包装箱、53 亿条编织袋和 430 亿米胶带，由此带来的废弃物填埋和焚烧成本近 14 亿元。同时，中国物流运输仍然以传统燃油车为主，近 2000 万辆物流车在消耗汽、柴油的同时，也产生了大量的污染物排放。

近几年，中国出现了不少创建绿色物流的好做法，积累了一定经验。但总体上看，缺乏系统的政策支持是制约绿色物流业发展的主要原因。具体表现为：相关立法滞后，政府主管部门职责分散，相关市场主体责任不明确，宏观指导多、具体政策少，相关标准和评价制度以及实践指南缺失，有关试点力度不够等。为此，推动中国绿色物流业发展的政策方向，就是通过制订国家层面专项行动计划和一揽子政策解决上述问题，全面推动行业的绿色发展，系统解决行业迅猛发展带来的资源环境问题。

（五）充分利用数字化技术，支撑绿色低碳生活方式

近年来，中国对有关数字化绿色低碳生活类项目（平台）多有探索，包括蚂蚁森林、碳普惠、零碳派、绿豆芽等在内的多个项目在创新低碳生活引导工具和机制方面取得了一定成效。其中以企业主导的蚂蚁森林数字平台和政府搭建的碳普惠平台为典型代表。

基于这些经验，中国可以在政府支持下搭建具有全国性影响力和统一适用标准的数字化绿色低碳生活方式平台，支撑所有消费者个体和团体的绿色低碳行为。通过统一的平台解决目前自主自发搭建的分散性小平台所面临的一系列困难，例如，因缺乏专门政策支持，单纯依靠企业运营的平台不可持续问题；出于对个人隐私和数据安全性保护的考虑，现有平台无法获取大批量的、有效的减排数据的问题；绿色低碳核算标准不一，缺乏统一监管，造成用户低碳行为产生的碳减排量可能被重复计算的问题；等等。全国统一的数字化平台还可以为政府和团体的较大规模绿色消费行动提供技术支撑，例如会议活动的碳中和计划等。

（六）加快绿色产品与服务的标准建设，加大认证认可力度，增加绿色产品与服务的有效供给

绿色产品与服务是绿色消费的基础，加快环境标志、节能、节水、绿色建筑等绿色产品与服务的标准建设，加大相关认证认可力度是当务之急，绿色产品与服务的标准与认证认可一端连着消费者，一端连着生产者，可以同时撬动绿色消费和绿色生产，必须给予高度重视。

（七）政府等公共机构和国有企业要率先在绿色采购与碳中和等方面发挥更多的示范引领作用

修改《政府采购法》，将各级政府部门、事业单位、国有企

业等主体纳入绿色采购范畴，并扩大绿色采购产品和服务范围，探索实行强制绿色采购制度；建立鼓励其他社会团体和企业绿色采购的激励政策。探索建立各级政府部门、事业单位和国有企业举办大型活动（会议、赛事）要采取碳中和行动的制度，鼓励其他主体采取碳中和行动。利用全国数字化绿色低碳平台和设立的碳中和基金，支持各类碳中和行动。

（八）倡议发行绿色消费券，刺激和引领绿色消费

近年来，为刺激新冠疫情下的消费，南京、合肥、杭州、郑州等多地政府推出餐饮券、超市券、乡村旅游券、汽车专项补贴券等，取得了积极效果。例如，截至 2020 年 4 月 9 日，杭州发放的消费券已核销 2.2 亿元，带动消费 23.7 亿元，乘数效应达 10.8 倍。近期，美国也采取类似做法。

基于这些做法，中国有必要研究发行绿色消费券问题，不仅刺激新冠疫情下的绿色复苏，还可以考虑将各种形式的消费优惠券常态化，发放的主体可以是政府、产品生产商和销售商，甚至其他有意愿的团体，优惠的范围限定在绿色产品与服务上，给消费者以定向的绿色激励，对绿色消费发挥撬动作用。鼓励有推动绿色消费意愿的团体开展试点。

2021年度
中国"十四五"时期绿色生产与消费

一、中国"十四五"进入"深"绿色转型期，推动形成绿色生产与消费方式进入实质性的实践阶段，并将发生重要变化。主要特征至少有五个方面。

第一，中国在全面建成小康社会后进入现代化强国建设的新阶段，新阶段发展的主题是高质量发展，实现高质量发展的原则是完整、准确、全面贯彻创新、协调、绿色、开放、共享的新发展理念，绿色必然是高质量发展的基本特征和衡量标准。这样的战略思路和原则决定着中国"十四五"及未来发展的方向、目标和任务。

第二，与以往的五年规划相比，在继续对资源能源节约与效率提升、生态保护、环境质量改善等方面提出更高要求的同时，"十四五"规划纲要首次将绿色发展内容独立成章，首次对推动绿色生产与消费提出目标要求。即到 2025 年，生产生活方式绿色转型成效显著；2035 年，广泛形成绿色生产生活方式。

第三，中国将实现碳达峰碳中和的承诺纳入"十四五"规划，纳入生态文明建设总体布局；把实现减污降碳协同增效作为促进经济社会全面绿色转型的总抓手。

第四，中国已进入全面小康社会，人均 GDP 跨过 1 万美元，公众的绿色生活意识在较快提升；预计"十四五"时期中国中等收入人群达到 5.6 亿左右，消费率提升到 60% 左右，绿色消费潜力巨大，推动绿色消费具有越来越好的社会基础。

第五，绿色低碳复苏已成为国际社会的潮流，对中国进行"深"绿色的转型有较大的促进和借鉴意义。

二、实现"十四五"规划相关目标，中国推进绿色生产与消费还需要解决好若干具体政策问题

中国"十四五"规划尽管对生产生活方式绿色转型提出了明确目标，但对相关任务和措施只能是提出方向性和框架性的要求。因此，在落实层面，不仅需要细化的行动方案，更需要有明

确的法律法规、具体的政策机制以及扎实的基础能力建设来保障。

（一）将建立完善绿色生产与消费法律议题纳入国家立法进程

在中国，和绿色生产与消费关系最密切的现行法律包括，2002 年颁布、2012 年修订的《清洁生产促进法》和 2008 年颁布、2018 年修订的《循环经济促进法》。建立完善以绿色生产消费为核心内容的法律，可以考虑两种思路：一种是，整合清洁生产和循环经济促进法，形成一体化的绿色生产与消费法；另一种是，根据绿色发展的最新要求，修订现行的《清洁生产促进法》和《循环经济促进法》，合理界定两个法律所规范的边界，并去掉"促进"两个字，增强法律的约束性，作为推进绿色生产与消费的主干法律。

（二）进一步制订绿色消费国家行动计划

绿色生产的管理主体包括政府的资源能源、工业、基础设施建设、经济综合、生态环境等主管部门，实施主体是企业，中国"十四五"规划有关绿色生产的工作可以纳入相关政府部门的职责和政策措施中。然而，绿色消费涉及更多的管理部门，覆盖所有组织和个人，领域宽泛，影响因素复杂，统筹协调和具体实施难度大。根据德国、瑞典等国家经验，在国家"十四五"规划下，有必要进一步制订配套的绿色消费专项国家行动计划，形成更全面、更深入、更具体的推动形成绿色消费和生活方式的中长期施工图。

（三）注重源头性措施和系统性方法，全面推广工业产品生态设计工具，大力构建绿色供应链

有研究表明，80%的资源能源消耗和环境影响是产品设计阶

段决定的。工业产品生态设计是指，按照全生命周期的理念，在产品设计开发阶段系统考虑原材料选用、生产、销售、使用、回收和处理等各个环节对资源环境造成的影响，力求产品在全生命周期中最大限度地降低资源消耗、尽可能少用或不用含有有毒有害物质的原材料、减少污染物产生和排放。欧盟早在 2009 年就对生态设计进行立法，中国近年来也有一些好的探索实践，中国政府应该针对高能耗、高碳高污染排放的产品生产制定生态设计技术规范，推行生态设计方法。同时，实施全生命周期管理，不仅关注产品和企业，而且要落实到整个产业链，应在目前推动的构建经济"双循环"新发展格局中嵌入绿色供应链的理念，形成绿色的"双循环"。

（四）加大绿色低碳标识产品、服务和企业的认证力度，倒逼生产与服务绿色化，扩大绿色产品与服务供给，引导绿色消费

绿色产品与服务是绿色消费的重要内容，扩大绿色产品与服务供给是推进绿色消费的基础。专题模拟分析显示，在绿色产品消费环节进行持续适当的补贴，对培育绿色产品消费市场是一种行之有效的政策选择。

绿色低碳产品与服务认证一端连着消费者，一端连着生产者，可以同时撬动绿色消费和绿色生产，是一项有效的市场机制和领跑者制度。欧盟和中国在这方面都有丰富的实践经验。中国政府应进一步重视发挥该制度对推动绿色生产与消费的作用，首先，加强顶层设计，打造统一的绿色低碳产品与服务认证体系，并将其与相关约束性管制措施和激励政策相融合，协同增效。其次，将认证拓展到企业的绿色低碳行为，发挥领跑者的作用。最后，修改《政府采购法》，将各级政府部门、事业单位、国有企

业等主体纳入绿色采购范畴，并扩大绿色采购产品和服务范围，探索实行强制绿色采购制度；建立鼓励其他社会团体和企业绿色采购的激励政策。探索建立各级政府部门、事业单位和国有企业举办大型活动（会议、赛事）要采取碳中和行动的制度，鼓励其他主体采取碳中和行动。

（五）着手建设促进绿色生产消费的基础设施和能力

连续两年对建立中国绿色消费评价指标体系和评估方法开展的研究，其结果不令人满意，其中一个重要的原因是不少重要指标缺乏相关的数据。中国在"十四五"时期全面启动绿色生产与消费工作后，相关的基础设施和能力建设必须同步跟进，主要包括如下几点。

（1）构建绿色消费统计制度，开展绿色消费的监测、数据收集、统计和评估工作。

（2）在此基础上，建立绿色消费评价指标体系和中长期目标指标。由于城乡之间、地区之间的自然条件与经济发展差距较明显，评价指标和目标指标可以分区分类建立。

（3）建立全国统一的绿色消费信息平台，发布绿色产品和服务信息，提高绿色产品生产和消费的透明度，鼓励相关方采信绿色产品和服务认证与评价结果。

（4）加强对社会组织、企业和公众关于绿色消费的培训，构建各利益相关方的合作伙伴网络，促进多方利益相关者参与。

（5）充分利用数字化技术，支撑绿色低碳生活方式，例如，搭建具有全国性影响力和统一适用标准的数字化绿色低碳生活方式平台，支撑所有消费者个体和团体的绿色低碳行为。

（六）鼓励新冠疫情下出现的绿色低碳工作和生活方式常态化，警惕经济复苏过程中和碳达峰前依赖高能耗、高污染行业的增长冲动

一方面，新冠疫情期间，在线办公、视频会议、线上消费等工作和生活方式普及，催生了"无接触"产业的快速发展，应全面评估这些新业态的经济和环境影响，鼓励那些绿色低碳的工作和生活方式常态化。另一方面，要加强资源环境管制，加大碳达峰碳中和知识和政策的宣传培训力度，防止地方和企业通过新上高能耗、高污染项目恢复新冠疫情下的经济，拉高碳排放峰值。同时，高度重视线上消费带来的物流包装大幅增加等新问题，加大绿色物流建设力度。

三、实施汽车行业绿色税制改革

汽车产业是中国经济的支柱性产业，也是能源消耗、污染和温室气体排放量大的产业。

2020 年专题研究从生产、购置、使用、回收四个环节提出了推动汽车行业绿色发展的政策建议；同时认为对汽车行业税制进行系统的绿色化改革，对汽车行业的绿色发展具有牵头抓总的作用。为此，在综合考虑原材料和燃料节约、污染减排、碳中和等要求的基础上，2020 年就汽车行业绿色税制改革提出如下建议。

（一）实施鼓励开发和使用非 HFCs 类替代品和替代技术的财税政策

环保汽车空调制冷剂的推广可通过纳入汽车产品奖罚税政策体系来实现，即将制冷剂排放要求纳入排放考核指标，对满足制冷剂排放要求且达到其他相关节能环保指标要求的车型，给予消费税、车辆购置税等税收优惠。同时，继续沿用现行关于 1.6 升

及以下排量节能环保汽车推广实践的做法，并将制冷剂排放要求纳入其中，直接鼓励环保制冷剂等节能环保技术和产品的使用。

（二）实施推动建立生产者责任延伸制度的税收优惠政策

针对企业在回收报废汽车过程中较难取得增值税进项发票、可抵扣的进项税额有限这一问题，采取简易征收方式。针对报废汽车回收拆解先进技术和设备购置投入高、投资回报周期长等问题，对于环保投入高、符合相关评审要求的企业，减征企业所得税。为推动报废汽车回收拆解企业提升环保水平，提高汽车回收价格，减少废车流入非法市场，提升汽车整体回收利用率，可比照研发费用加计扣除政策，再按实际发生额的 50% 抵扣应税所得额。

（三）实施汽车产品奖罚税政策

在保证汽车税收总体平衡的前提下，以现行汽车税制为基础进行优化调整，加强现有税种对节能环保的调节作用。政策设计近期与远期目标相结合，依据产业竞争力发展水平设定政策实施阶段。2021～2025 年，继续实施现行新能源汽车免征车辆购置税政策并逐步退坡；2026 年起，引入基于能效指标的车辆购置税和消费税奖罚税政策。目前，中国建立了较为完善的乘用车燃料消耗量标准体系，将乘用车燃料消耗量指标纳入汽车税制已具备一定基础。实施奖罚税制度，首先可在原有税制的基础上增加乘用车百公里燃料消耗量指标；待时机成熟后可逐步加入排放指标、电动汽车的电耗指标等。

模拟分析显示，实行上述汽车行业绿色税制，无论是在减少汽车生产的原材料投入、增加新能源汽车生产，还是在化石燃料节约、制冷剂替代、二氧化碳和常规污染物减排方面，都会产生显著的效果。

四、在钢铁行业全面推行绿色设计政策

2019 年，中国粗钢产量占世界的 53.3%，生铁产量占世界的 64.2%。钢铁行业不仅是中国常规污染物排放的大户，也是碳排放的第一大工业行业，占全国碳排放总量的 15% 左右。在钢铁行业推行产品绿色设计，从源头上提升产品的绿色化水平，对钢铁行业的绿色发展和绿色贸易有重要意义。

近年来，中国政府高度重视钢铁行业的绿色发展问题，采取了产业布局和结构调整、资源能源效率提升、污染防治和关键生产技术改进等措施，明确实施行业绿色制造体系计划。在绿色设计方面，正在研究制定 30 余项钢铁产品绿色设计行业标准。但总体上看，绿色设计理念尚未成为钢铁行业绿色发展的主流理念，相关标准建设滞后，激励措施缺乏，相关能力不足，直接影响到行业绿色发展向纵深推进。为此，提出如下建议。

（一）强化绿色设计政策的顶层设计，建立部门和产业上下游的协同推进机制

绿色设计政策顶层设计是为了解决全面系统和长期推动的路线图和施工图问题。建立协调机制，既要使相关政府管理部门形成合力，又要让行业上下游遵循一致的标准规范，形成绿色产业链。

（二）在钢铁行业推行全生命周期评价方法

引导钢铁企业广泛深入应用全生命周期的理念、方法、数据和方案，开展生产和服务。为此，首先要建立健全钢铁绿色产品评价体系，建立产品全生命周期资源环境影响数据库，量化单位钢铁产品的资源、能源消耗和环境指标，明确产品的绿色程度；其次制定产品生命周期各环节绿色改进方案，建立钢铁企业实施

绿色设计的技术服务体系。

（三）建立减污降碳协同增效的钢铁行业绿色设计标准、评价体系和认证认可制度

绿色设计标准是钢铁企业实施绿色设计的基本技术遵循，针对企业相关行为建立的评价体系和认证认可制度是管理与市场的"风向标"。相关标准、评价体系和认证认可制度的制定要在全生命周期中，统筹考虑资源能源效率、污染防治和碳减排等方面的要求，协同增效。

（四）采信钢铁行业绿色设计评价、认证认可结果，建立激励机制

将钢铁企业绿色设计评价、认证认可结果与企业环境信用评价、环境税、资源综合利用税收、环境污染责任保险、环境监管频次、政府绿色采购、企业税收、财政补贴等政策和管理措施挂钩，针对钢铁行业绿色设计实践设计综合性的激励政策与机制。

（五）帮助钢铁行业进行绿色设计人才培养和能力建设

依托行业协会、大学和科研机构，国家和地方政府在资金、智力资源和技术上支持钢铁企业培养绿色设计专门人才，提升专业能力。

五、应用生态设计的理念和方法，将垃圾焚烧设施提升为提供良好人居环境产品的绿色设施

在中国，焚烧发电已成为生活垃圾处理的主流方式，相关设施建设进入高峰期。2020 年，中国有生活垃圾焚烧发电设施 519 座。根据 18 个省区市已发布的相关规划，未来 10 年还拟将新建 476 座生活垃圾焚烧发电设施。

中国在建设和运行垃圾焚烧设施进程中遇到两大难题：一是

部分运行设施的环境绩效不好，对周边居民产生了环境影响，引发不满；二是随着生活水平的快速提升，公众对环境质量和环境风险变得非常敏感，存在将垃圾处理设施归为一种"脏"的设施的误解，从而对已建或拟建在身边的垃圾处理设施产生强烈的抵触情绪，出现典型的"邻避"问题。

对于第一个问题，中国政府近年来通过强化监管取得了显著成效。国家垃圾焚烧发电厂监测数据公开平台显示，目前几乎所有的生活垃圾焚烧发电设施烟气排放浓度均能满足国家标准，大部分设施烟气排放浓度优于现有国家标准。从技术能力看，中国目前的垃圾焚烧发电技术及装备已处于国际领先水平。

对于第二个问题，中国政府近年来从技术、管理、社会、信息等维度，采取了综合性措施，"邻避"事件数量大幅度下降。然而，垃圾处理设施建设的"邻避"问题是由设施环境绩效和环境风险、经济社会发展状况所影响的利益相关方的认知和心理及利益诉求等综合因素构成的问题复合体。从中国经济社会与环境保护发展进程的状况看，环境领域引发的"邻避"问题在较长的一段时期内会持续发生。因此，长期、稳定和有效的解决方法是改善垃圾焚烧发电设施的"功能"，改变其在公众认知中的"形象"。

按照绿色发展的思路，专题组在借鉴相关国际经验和研究中国典型案例的基础上，建议：应用生态设计的理念和方法，将垃圾焚烧设施提升为提供良好人居环境产品的绿色设施。

具体方法是，制定环境安全、生态和谐、社区友好、经济有效等四大类若干项技术标准。按照该技术标准建设和运行垃圾处理设施，设施就会具备多重功能：首先，既解决垃圾污染问题，又不会产生新的环境风险；其次，设施与当地的生态景观、城镇建设格局及风格、人文习俗相融合协调；最后，设施运行惠及当地社区，形成良性互动。当然，实现多重功能要经济有效。目前，中国的惠州、常州和杭州已有类似的成功案例。

实施步骤是，首先，整合现行有关垃圾焚烧发电设施建设和运行的规定，建立统一的绿色标准和技术规范；其次，按照绿色标准实施领跑者制度，积累一定经验后全面推行。

六、实施食物的绿色消费政策

食物的可持续消费越来越受到国际社会重视，食物损耗和浪费不仅意味着食物生产时资源投入的无效消耗和温室气体的大量排放，且废弃食物在不同的处理方式下也会产生大量温室气体。如果将全球废弃食物看作一个"国家"，则这个"国家"将是第三大温室气体排放国。

中国的相关情况同样不容乐观。一方面，食物供应链总体损失与浪费量大。2016 年，国家粮食局抽样调查结果显示，中国从田间到餐桌每年粮食损失约 1350 亿斤，占当年粮食总产量的 10%左右。中国水果物流阶段的平均损耗率为 20%～30%，蔬菜损耗率接近 30%～40%。另一方面，更多的食物损耗和浪费发生在消费端。中国科学院地理科学与资源研究所 2018 年发布的调查报告显示，中国在 2013～2015 年，每年仅餐桌上的浪费量高达 1700 万～1800 万吨，相当于 3000 万～5000 万人一年的口粮。2018 年，全国餐厨垃圾产生量超过 1 亿吨，日均近 30 万吨。有学者估算，每年中国的食物全生命周期二氧化碳排放为 16.05 亿吨；假设只有 1/5 的食物损耗和浪费（FAO 估计的全球平均水平约为 1/3），那么碳排放也将达到 3 亿多吨。

正当本研究就食物绿色消费提出若干政策建议之际，中国的《反食品浪费法》于 2021 年 4 月 29 日发布实施，其重要原则是绿色低碳消费方式，并对不同消费环节和主体做出了诸多明确的规定。在此基础上，专题研究认为：《反食品浪费法》不只是反对食品浪费的法律，而且是中国推行绿色低碳生活方式领域的首部法律，必须落实到位，使其发挥引领作用。为实施好该法，还需要做好四个方面的工作：一是食品绿色消费涉及千家万户，需要开展声势浩大且持续的普法宣传，提高公众和其他利益相关者的意识，引起广泛的重视；二是针对具体的法律规定，制定可操作的实施细则和方案，使之落地见效；三是建立政府主导、行业协会和社会组织引导、餐饮企业带头、消费者自发遵守的协同机制；四是加强食物绿色消费的科学研究、数据调查统计工作，建立信息定期发布机制。

七、借鉴国际经验，加速深化绿色消费转型

促进可持续消费的国际经验，包括 2012 年启动的联合国"可持续消费和生产模式十年方案框架"，表明过去解决可持续性问题的努力往往未能全面审查消费和生产过程的复杂性或完整价值链；需要遵循系统视角来降低环境和社会影响的创新商业模式，以缓解对产品和服务日益增长的需求；还必须激励消费者以更可持续的水平进行消费，减少浪费，更多地关注产品质量以及其购买行为对社会和环境的影响；可持续性的考量需要贯穿制定绿色转型的愿景和路径以及实施运行的各个层面，同时推出大量新的监管和市场化政策、措施以及教育活动。

在当前和向低碳发展转型的背景下，在中国设计自己的绿色转型政策和社会治理体系时，以下建议可能会提供有益借鉴。

（一）采用整体性可持续消费手段，整合可持续性与后疫情时代复苏

在开发支持可持续消费的方法时，要采用整体性的方法。这意味着要关注完整价值链，即从材料和能源投入到产品设计和生产流程，再到产品使用和后消费管理，都需要得到关注。绿色转型和社会可持续性是需要站在系统角度全面考虑的复杂挑战。此外，须将可持续性与后疫情时代的复苏联系起来。新冠疫情复苏计划有助于推动绿色复苏所需的重大基础设施投资和政策转型。如果上述资金用于绿色转型、促进绿色就业、推动绿色基础设施建设，将极大促进绿色创新繁荣发展。

（二）推广可持续生活方式，将新兴数字技术融入产品价值链

倡导发动教育示范运动，推广可持续生活方式，参考瑞典和日本共同领导的一项关于可持续生活方式和教育的计划（2012~2022），旨在推进将可持续生活方式作为应对全球挑战的共同规范，例如，生物多样性保护、提高资源效率、减缓气候变化、减少贫困和增加社会红利。认识到子孙后代的可持续发展关键教育和2050年1.5℃温控目标对于实现绿色转型和提升幸福感具有重要意义。应借鉴日本等国家经验，通过网络、教育运动和认证体系为消费者提供产品可持续性相关的信息。

将新兴数字技术融入整个产品价值链上的生产流程，以提高效率。充分利用互联网平台和社交媒体传播绿色转型的重要性，同时强调为作出改变个人和企业可以采取的措施。考虑到《2030年可持续发展议程》中设定的目标和指标，绿色转型需要进行全面数字化结构转型。

（三）积极利用绿色税收和经济激励措施，鼓励后疫情时代平衡生活方式

积极利用绿色税收和经济激励措施。对环境外部性较高的产品征税，采取激励措施促进人们购买环境可持续性更高的产品。关注迄今为止在可持续性讨论中得到很少关注的领域，如食物供应系统和纺织业等生态足迹较多的领域。鼓励后疫情时代继续调整生活方式，更加注重生活与工作的平衡，同时更持续地享受自然。

| Contents |

目　录

第一章

中国消费趋势及其资源环境影响

一 消费与绿色消费的界定

（一）关于消费的界定

国际上通用的全面反映最终需求的指标是支出法国内生产总值（GDP），反映消费需求的指标是支出法 GDP 中的最终消费，包括居民消费和政府消费，政府消费反映较强的政府意志，通常被视为经济运行的外生变量，本研究重点是居民消费。在中国统计体系中，住户调查中的居民消费包括农村住户调查中的居民消费和城镇住户调查中的居民消费，主要包括 8 个大类：①食品烟酒；②衣着；③居住；④生活用品及服务；⑤交通通信；⑥教育文化娱乐；⑦医疗保健；⑧其他商品及服务。基于这 8 个大类的统计，将支出法 GDP 的居民消费统计口径和投入产出表中的居民消费分类统一起来。

（二）关于绿色消费的界定

1992 年，联合国环境与发展大会通过的《21 世纪议程》首次提出，"所有国家均应全力促进可持续的消费形态"。1994 年联合国环境规划署（UNEP）发布《可持续消费的政策因素》报告，将可持续消费定义为"提供服务以及相关的产品以满足人类的基本需求，提高生活质量，同时使自然资源和有毒物质的使用最少，使服务或产品的生命周期中所产生的废物和污染物最少，从而不危及后代的需求"。2015 年，联合国可持续发展峰会通过了《2030 年可持续发展议程》，制定了 17 个可持续发展目标，其中第 12 项为"可持续消费和生产模式"（包括 8 项具体目标）。可持续的消费和生产是指促进资源和能源的高效利用，建造可持续的基础设施，以及让所有人有机会获得基本公共服务、从事绿色和体面的工作与改善生活质量。

以 1994 年建立的环境标志制度为代表，中国的可持续消费相关理念和实践基本上与国际相关进程同步。2016 年，中国发布《关于促进绿色消费的指导意见》，明确绿色消费是"以节约资源和保护环境为特征的消费行为，主要表现为崇尚勤俭节约，减少损失浪费，选择高效、环保的产品和服务，降低消费过程中的资源消耗和污染排放"。这一定义强调了消费行为中对资源节约和环境保护的"绿色"要求，与国际上可持续消费的内涵基本一致，但没有明确强调代际的消费公平性问题。2017 年，中国共产党第十九次全国代表大会对推动绿色生产和消费问题作出专门部署。总体上，可以从五个维度理解中国的绿色消费内涵与外延：一是在理念上，绿色消费鼓励消费的可持续和绿色化；二是在数量上，绿色消费体现消费的适度性和减量化；三是在结构上，绿色消费体现消费的合理性和平衡性；四是在内容上，目前首先关注的是吃、住和行等日常生活的主要方面；五是在方法上，以消费环节带动生产、流通及处置全过程绿色化。

（三）本研究相关概念的范围界定

本研究将涉及绿色转型、绿色消费以及消费绿色转型等概念术语。根据本研究目标和内容，为方便理解和避免概念交叉，相关概念术语的含义范围界定如下。

1. 绿色转型

绿色转型主要是指经济和社会两个维度的绿色转型。经济绿色转型主要是指经济增长与资源利用、环境退化脱钩，即经济产出增加的同时，资源消耗与环境退化水平降低。脱钩又分为相对脱钩和绝对脱钩。相对脱钩表示经济增速大于资源利用增速或者环境退化增速；绝对脱钩表示经济产出增加的同时，资源绝对使用量减少以及环境得到改善。

社会绿色转型主要是指整个社会的价值观转向崇尚尊重自然、顺应自然和保护自然的人与自然和谐共生关系；社会大众的行为方式转向可持续的生产和消费模式，形成适度、简约、绿色的行为和生活方式；社会治理结构和体系转向适应生态文明建设和可持续发展目标要求，形成绿色、公平和包容的现代化社会治理体系。

2. 绿色消费

绿色消费包括狭义和广义两个层次。狭义的绿色消费是指消费资源消耗少、环境污染小、价格合理的产品和服务，以满足人们各种需要、兼顾代际公平的过程，在定量分析中可使用国民经济核算中终端的居民消费支出，特别是以吃、住、行、用等类别来表征。广义的绿色消费是指在消费总量上适度节约，在生产结构和消费结构上向绿色转型，降低单位产出的能源资源消费以及生产生活对生态环境的影响，不仅包括最终消费绿色化，还包括生产过程绿色化和政府采购绿色化以及促进绿色消费的新业态、新模式、新文化。

本研究对绿色消费及其生态环境影响的预测，主要从狭义概念和居民消费支出数据入手；对中国绿色消费的整体政策评价和案例选择，则以广义的绿色消费概念为主。

3. 消费绿色转型

消费绿色转型是经济绿色转型的重要组成部分。绿色消费是一个相对静态的概念，主要表示消费的绿色化水平和状态。消费绿色转型是一个相对动态的概念，主要描述消费朝着绿色化方向迈进和转型的过程及变化情况。

二　中国消费趋势及其资源环境影响

中国改革开放 40 多年以来，伴随经济与社会发展，城乡居民消费无论是规模、结构还是方式等都发生了巨大变化，呈现前所未有的特征。而这些变化又进一步对经济发展、社会进步以及资源环境可持续性带来深刻和长远的影响。

（一）规模持续扩张，增长空间巨大

近年来，中国消费一直保持着平稳较快增长。中国社会消

费品零售总额由 2012 年的 21 万亿元增长到 2018 年的 38 万亿元，年均增速为 11%，高出同期名义 GDP 年均增速 2.7 个百分点。不过，居民消费增长的空间依然巨大。截至 2017 年，中国城乡居民消费占人均 GDP 的比重达到 40%，仍远低于发达国家 70% 的消费比重。2017 年中国人均家庭最终消费支出仅为 2700 美元，仅是日本、新加坡、欧洲等国家和地区近年平均水平（20000 美元）的 13% 左右，中长期消费增长潜力巨大。本研究预计，2021~2035 年，城乡居民消费年均增长 5.3%，到 2035 年底城乡居民消费总额将达到 135 万亿元（当年价，下同）；2036~2050 年，消费年均增长 3.5%，2050 年规模将接近 340 万亿元左右（见图 1-1）。

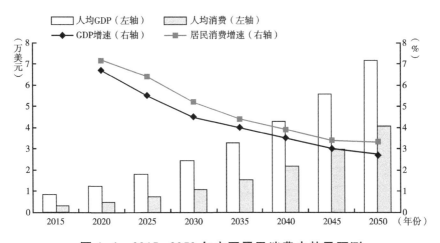

图 1-1　2015~2050 年中国居民消费走势及预测

（二）消费转型升级，方式日益多元

根据国家统计局发布的结果，中国居民消费的恩格尔系数由 2013 年的 31.2% 下降至 2018 年的 28.4%。本研究预测，到 2035

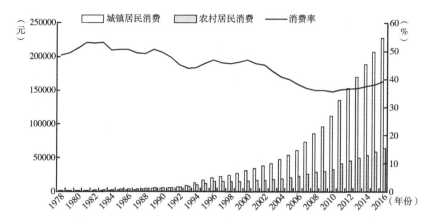

图 1-2　1978~2016 年中国居民消费发展情况

年继续下降到 20%，达到联合国划分的 20%~30% 的富足标准。随着人口结构变化以及城镇化水平提高，在就业、收入、社保等有利消费因素的共同作用下，中国居民消费形态将进一步由物质型向服务型、由生存型向发展型转变，人均交通通信、教育文化娱乐、医疗保健等服务消费支出比重提高。

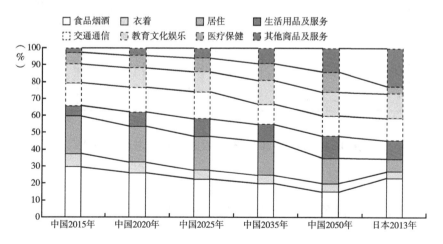

图 1-3　2015~2050 年中国居民消费结构走势及展望与日本 2013 年对比

同时，随着科技进步以及生活方式变化，居民消费方式也将日益多样化。特别是在互联网技术支撑下，消费方式由传统线下零售向互联网线上、传统线下零售融合转变。2018 年全国网上零售额达到 9 万亿元，同比增长 23.9%，明显高于社会消费品零售总额 9% 的增速，电子商务、移动支付、共享经济等引领世界潮流。消费行为由从众模仿型向个性体验型转变，智能手机、可穿戴设备、数字家庭等新消费蓬勃兴起，"互联网+"催生的个性化、定制化、多样化消费渐成主流。

（三）消费成为驱动经济增长的重要引擎

从 2011 年开始，消费成为中国经济增长的第一拉动力。2017 年，最终消费支出占国内生产总值的比重为 53.6%，比 2012 年提高 3.5 个百分点；最终消费支出对经济增长的贡献率为 58.8%，比 2012 年提高 3.9 个百分点。同时，代表消费发展水平的第三产业快速增长，从 2013 年开始，其增加值占 GDP 的比重超过第二产业；2015 年之后，该比重超过 50%。2018 年，最终消费支出对经济增长的贡献率为 76.2%，比资本形成总额贡献率高出 43.8 个百分点。经济增长实现由主要依靠投资、出口拉动转向依靠消费、投资、出口协同拉动。预计到 2050 年，最终消费支出将达到 GDP 的 70% 左右，人均消费水平达到 4 万美元，预计届时将与发达国家平均水平基本持平。

（四）消费对资源环境的压力持续加大

受消费规模、结构以及方式等影响，中国消费领域对资源环境的压力持续加大，成为环境污染和温室气体排放的重要来源。

表 1-1　2018 年中国与美国的 GDP 及结构对比

单位：万亿美元，%

GDP 及其结构	中国	美国
GDP	13.6	20.5
第一产业比重	7.2	0.8
第二产业比重	40.7	18.6
第三产业比重	50.1	80.6

资料来源：本研究根据统计数据整理。

主要体现在三个方面。

1. 消费对资源能源的需求持续刚性增长

中国居民资源、能源消费量迅速增长，2016 年居民直接消费的能源总量达到 5.4 亿吨标准煤，是 2000 年 1.7 亿吨标准煤的 3.2 倍，2000~2016 年年均增速为 7.7%，略快于能源消费总量的年均增速 7%，占能源消费总量的比重也从 11.6% 上升至 12.4%。同时，利用国家统计局公布的 2015 年投入产出表估算可得 2015 年居民消费引致的综合能耗为 11.4 亿吨标准煤，占 2015 年能源消费总量的比重为 26.5%。预计到 2035 年居民消费引致的综合能耗将达到 22.8 亿吨标准煤，较 2015 年增长 11.4 亿吨标准煤，占能源消费总量的比重超过 40%；到 2050 年达到 30.4 亿吨标准煤，较 2035 年再增长 33.3%。根据世界自然基金会的研究，2010 年，中国人均生态足迹为 2.2 全球公顷生产性土地，尽管低于全球平均生态足迹 2.6 全球公顷，却是 2010 年中国人均生态承载力的两倍以上。中国约 90% 的生态足迹产生于食品、住房、交通等消费活动，给资源环境带来巨大的压力。

2. 过度型、浪费型等不合理消费方式加剧资源环境问题

根据中国公安部交通管理局发布的统计数据，2018年全国机动车保有量已达 3.27 亿辆，其中汽车 2.4 亿辆，私家车（私人小微型载客汽车）保有量达 1.89 亿辆，载货汽车保有量达 2570 万辆。2018 年新能源汽车保有量达 261 万辆，仅占汽车总量的 1.09%。根据工业和信息化部无线电管理局发布的数据，2018 年中国手机用户已达 15.7 亿。中国家用电器研究院电器循环与绿色发展研究中心发布的报告显示，2017 年，中国电视机、电冰箱、洗衣机、房间空调器、电脑的报废量约为 1.2 亿台，废弃手机 2.3 亿部，其他家用电子电器产品废弃量达 1.5 亿台，电子电器废弃物重量超过 500 万吨；目前中国每年包装用品产量达 3000 多万吨，总体回收率不到 30%。① 据国家邮政局初步估算，2018 年全国快递业共消耗快递运单逾 500 亿个、编织袋约 53 亿条、塑料袋约 245 亿个、封套 57 亿个、包装箱约 143 亿个、胶带约 430 亿米。全年国内使用的包装胶带可以缠绕地球 1077 圈。根据世界自然基金会和中国科学院地理科学与资源研究所初步测算，2015 年中国城市餐饮业仅餐桌上食物浪费量就达到 1700 万~1800 万吨，相当于 3000 万~5000 万人一年的食物量。

3. 中国消费领域已经成为环境污染的主要来源

本研究测算表明，2015 年中国居民消费终端需求带来化学需氧量排放约 1184 万吨、氨氮排放 128 万吨、二氧化硫排放 720 万吨、氮氧化物排放 512 万吨，分别占总产生量的 56.1%、57.8%、70.2% 和 84.5%。预计中国居民消费终端需求带来的化

---

① 《中国环境标志产品年产值已达 4 万亿元》，《科技日报》2019 年 11 月 1 日。

学需氧量、氨氮、二氧化硫和氮氧化物排放量到 2035 年将分别达到 2056 万吨、217 万吨、1405 万吨和 979 万吨，较 2015 年分别增长 73.6%、69.5%、95.1% 和 91.2%，分别占总产生量的 52%、54%、61% 和 60%；到 2050 年分别进一步提高到 2497 万吨、261 万吨、1722 万吨和 1157 万吨，分别占总产生量的 60%、60%、68% 和 68%。

另外，大气细颗粒物源解析表明，北京、上海、杭州、广州、深圳等特大型城市的移动源排放已成为细颗粒物污染的首要来源，2017 年深圳达到 52%，其中，机动车是城市主要的移动污染源。2015 年全国城镇生活污水排放量是同年全国工业废水排放量的 2.68 倍，而 1997 年仅为 0.83 倍。北京市 2015 年生活垃圾产生量已经超过工业垃圾产生量，成为当年城市固体废物的第一大来源。

第二章

绿色消费对经济社会绿色转型的
作用机理与实证分析

经济绿色转型的关键是经济增长与资源消耗、生态环境退化的脱钩，具体体现在生产和消费两个环节的绿色化。消费的绿色转型升级可以引领以环境标志产品为代表的绿色生态产品和服务的供给创新，通过绿色生态产品和服务的供给创造新的绿色消费需求，这种绿色生产与消费、绿色供给与需求的良性互动循环不仅是经济发展的新动能和引擎，也是生态环境质量改善的内生条件、推动高质量发展的新增长极。同时，绿色消费可以引领社会新时尚，有助于培育生态文化价值观和新的绿色行为与生活方式，对于构建可持续的社会治理体系和推动社会绿色转型意义重大。

一 绿色消费推动绿色转型的多重传导机制

从消费与生产、消费与资源环境之间的辩证关系看，消费对经济发展发挥着基础性作用，对国民经济重大比例关系有重要影响，如果需求引领和供给侧结构性改革能相互促进，就会带动经济转型升级、推动高质量发展，有助于建设现代化经济体系。

（一）绿色消费推动绿色转型的传导机制

消费的绿色化对生产的绿色化发挥着引导和倒逼作用，经过绿色理念和措施引导的消费规模、消费方式、消费结构、消费质量、消费偏好的变化必然会传导到生产领域，左右着要素资源的配置方向、生产方式的改进、产品结构的调整和产品品质的改善。

绿色消费也是促进绿色生活方式形成的核心内容，是推动全民行动的有效途径。生活方式是一个内涵广泛的概念，既包括人们的衣食住行、劳动工作、休息娱乐、社会交往等物质生活，也包括价值观、道德观等精神生活，消费方式是生活方式的重要内容。绿色消费活动可将绿色理念与要求传递、渗透到公众生活的各个方面，引导、带动公众积极践行绿色理念和要求，形成绿色生活全民行动，改善社会绿色转型的治理体系。

在生态环境治理体系现代化领域，目前中国的环境政策多集中在生产领域，且以约束和监管为主要方式，以政府和企业为主体。建立引领绿色消费模式的制度机制，一是可以将生态环境治理结构从生产环节拓展到消费环节，拓宽了生态环境治理的领域，增加了激励和自愿领跑的方式，有助于建立激励与约束并举的制度体系；二是消费是社会公众的基本行为选择，绿色消费可以促使公众真正参与到环境治理过程，用其绿色消费行为以及绿色生态产品选择倒逼企业改善环境、增加绿色生态产品供给；三是消费端的绿色转型通过绿色供应链实践传导至生产端，可以引导产业链条中的"绿色先进"企业管理"绿色落后"企业，开辟生态环境治理的新途径，完善生态环境治理体系（见图2-1）。

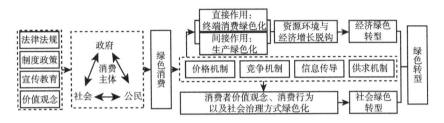

图 2-1　绿色消费推动绿色转型机理

（二）绿色消费逐步成为绿色转型的新动能

绿色生产与消费、绿色供给与需求的良性互动循环不仅能够促进经济绿色增长、增加新的就业渠道和平台、推动供给侧结构性改革，成为经济增长的新动能和引擎；而且可以大幅减少资源消耗和环境退化，成为生态环境质量改善的内生条件，实现环境与经济的双赢。

1. 中国绿色消费需求和市场不断扩大，成为消费转型升级过程的趋势

根据中国连锁经营协会发布的数据，中国有机食品消费市场以每年25%的速度增长。根据中国电商京东公司发布的报告，2017年上半年，京东平台的绿色消费金额对平台销售额贡献率达到14%，且同比增长了86%，绿色家用电器和绿色家装家居类商品整体绿色消费额占比达79%，绿色服饰的商品渗透率已经达到12%。

2. 居民消费不断升级，绿色消费品种不断丰富

近年来，随着人民生活水平的提高，居民消费内容发生了显著变化，从注重量的满足逐步转向追求质的提升，绿色消费悄然兴起。绿色消费品种不断丰富，节能家电、节水器具、环境标志产品、有机产品、绿色食品、绿色建材等走入千家万户。据保守估算，2017 年，高效节能空调、电冰箱、洗衣机、液晶电视、热水器等 5 类产品国内销售近 1.5 亿台，近 5000 亿元；有机产品产值近 1400 亿元；绿色饭店企业 1500 家；单体绿色建筑项目达到 4500 个；绿色食品标志产品 31946 种；新能源汽车销售 77.7 万辆；共享单车投放量超过 2500 万辆。根据阿里研究院发布的《2016 年度中国绿色消费者报告》，2015 年阿里网络零售平台上有 50 大类 2 亿种绿色篮子商品（绿色篮子商品是指具有"节资节能、环境友好、健康品质"三大绿色属性的商品集合），绿色篮子商品消费额占阿里零售平台消费额的 11.5%。

3. 中国绿色消费群体规模不断扩大，绿色消费意愿不断提升

阿里平台数据显示，2015 年中国绿色消费群体达到 6500 万人，四年增长了 14 倍。在全球消费升级力量的推动下，绿色消费者对绿色生态产品的关注已经覆盖了衣、食、住、行、用的方方面面，不仅关注食品的有机化和绿色化，关注美妆、个人护理、服饰等产品的绿色化，而且关注家用电器、家装家居等住宅类产品对个人健康和环境的影响。新一代消费者更加推崇乐活、环保、可持续的消费观念，不仅愿意购买高品质的产品，而且也关注生产方式对自然环境的影响。在阿里零售平台上，绿色消费者占比从 2011 年的 3.8% 快速增长到 2015 年的 16.2%，增长最

快的人群是 23～28 岁群体，绿色篮子商品的平均溢价达 33%
（绿色篮子商品价格与非绿色篮子商品价格比）（见图 5-5）。

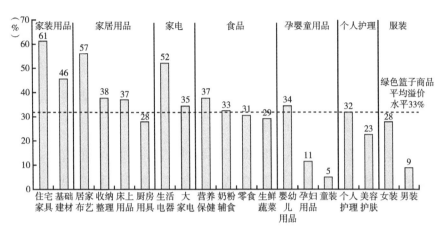

图 2-2　绿色篮子商品主要品类溢价水平

资料来源：阿里研究院。

（三）推动绿色消费的社会经济影响因素

影响绿色消费的因素主要包括消费理念、公共政策、绿色生
态产品供给以及技术进步等。

1. 消费理念

消费行为受消费理念（或意识）的直接支配和调节，消费
者的绿色消费理念、环保意识和环保知识能够有效提升其对产品
和服务感知绿色价值的认知，并间接影响其绿色消费行为。

2. 公共政策

公共政策可以通过绿色消费正外部性的补偿，克服非绿色消
费的负外部性。公共政策主要通过影响消费者个体对环境和绿色
消费的认知，最终影响其绿色购买、绿色生态产品使用和废弃物
处置的态度。而绿色标准认证制度、政府绿色采购制度、税收、

激励机制对绿色消费的作用不同。

第一，绿色标准认证制度主要有两方面作用：一是可以引领企业从源头上减少污染物产生，让企业生产的绿色高端产品更受市场欢迎，从而激发企业进行绿色化工艺改进的内生动力；二是绿色标准认证制度作为重要制度克服了市场经济中的不完全信息困境，降低了消费者选购产品的盲目性，有利于消费者快速识别绿色生态产品和服务并购买。

第二，政府绿色采购制度主要通过政府采购的示范效应，引导企业调整生产结构、提高产品技术含量、强化环境意识、进行绿色生产，可以直接推动经济增长以及对环境的保护和资源的节约利用；可向生产领域发出价格和需求信号，带动龙头企业、品牌企业甚至中小企业进行绿色代购，同时刺激生产领域清洁、节能技术的研发与应用及绿色生态产品的生产。

第三，税收引导绿色消费变化的路径如下：当对一种物品征税时，会推动需求曲线向下方移动，使均衡价格和均衡数量均减少，消费税负的变动也会改变不同消费品的价格比，影响居民消费"成本"，从而发挥引导居民消费行为、改变消费需求结构的效应，消费最终会传导至生产环节，对不同产品的收益率结构产生影响，从而引导生产结构的变化。

第四，绿色消费激励机制（主要是奖励和补贴）通过直接给予购买或使用绿色消费产品或服务的消费者以补贴，可以降低消费者使用绿色生态产品的消费成本。绿色消费激励机制有助于有效推广节能减排和绿色生态产品，引导消费者向绿色消费方向转变，并通过绿色消费行为的形成引导厂商生产绿色生态产品、提供绿色服务，达到良性循环的效果。

3. 绿色生态产品供给

绿色生态产品供给价格高低会影响绿色消费水平的变化和普及程度。同时也要注意规范绿色消费品市场、保障产品和服务质量，这样才能在绿色供给和绿色消费之间形成良性循环。绿色生态产品的生产端和消费端的传导效应不同。

首先，生产端通过营销、政府激励机制和禁止利用政策，影响绿色生态产品的生产和使用规模；营销得好可以快速提高绿色生态产品销售量；政府补贴和税收减免政策有助于扩大绿色生态产品的生产和消费规模；而政府规制可以禁止那些利用以濒危物种为原料的非绿色生态产品的生产。

其次，在消费端，青少年猎奇行为、社会名流示范效应以及消费者的趋利性和跟风效应，会影响绿色生态产品的消费量。青少年猎奇行为的影响具有局部性，而社会名流示范效应将影响社会的消费时尚；消费者的趋利性和跟风效应，将影响绿色生态产品的生产和消费，趋利性则是消费者选择绿色生态产品的主要原因。

4. 技术进步

技术进步对居民的绿色消费水平有着重要的影响。首先，潜在需求变成现实需求通常需要技术突破。当某项技术突破为潜在的社会需求提供契机时，潜在的社会需求就会变成现实需求。其次，技术创新通过影响绿色消费规模来降低产品价格。只有当技术创新水平能使绿色生态产品和服务的消费价格与普通产品的价格相近时，才会形成大规模的绿色消费。这也会反过来推动绿色生态产品技术普及并不断更新换代。最后，技术进步不断拓展绿色消费领域。通过技术创新生产新的产品可以引导新的绿色消费。例如，低碳技术改革不仅促使民众消费意识转变，而且催生了与太阳能、风能等相关的低碳消费。

二 中国绿色消费的经济贡献分析

当前，中国在消费结构、消费方式、消费人群、消费市场格局等方面出现了不同于以往的深刻变革，绿色消费已经成为中国消费变革的重要内容与特征。绿色消费通过产业链上中下游传导机制可以带来整个产业链的绿色重构，这对于推动中国经济质量变革、效率变革、动力变革，从而牵引经济高质量发展和绿色发展将发挥重要的积极作用。

（一）居民收入现状分析及"十四五"展望

2020年中国GDP为101.6万亿元，按14亿人口计算，人均GDP达到7.26万元，折合成美元约为1.05万美元。分地区看，北京、天津、上海、江苏、浙江等省市的人均GDP已达1.5万美元，而全国尚有20个省区市的人均GDP尚未超过1万美元。预测表明"十四五"时期，中国各区域发展格局不会出现明显变化，地方发展水平有望整体持续提升，人均GDP超过1万美元的省区市将扩大到19个；不足1万美元的还有12个，但其中绝大部分省区市都会接近人均1万美元（见图2-3）。

基于对全国2851个区县的城镇和农村人均可支配收入数据（2018/2019）以及相应的城镇及农村人口数的统计分析，按照世界银行公布的中等偏上收入国家标准（4000美元，约合2.8万元），提取人均可支配收入超过该标准的区县，匹配相应人

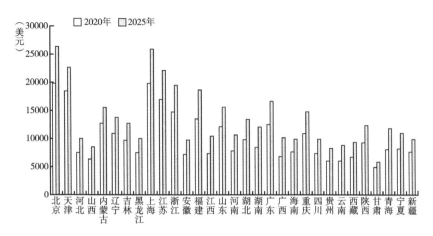

图 2-3　"十四五"时期 31 个省区市人均 GDP 走势展望

口，估算中国当前收入在中等偏上水平的人口规模约为 4.5 亿人
（见图 2-4）。考虑"十四五"时期，人均收入有望随经济发展
同步增加，预计中等收入人口规模有望再增加 1 亿人以上，达到
5.6 亿人。预计"十四五"时期，中国消费率将由 2020 年的
54.3% 升至 2025 年的 60% 左右，投资率将下降至 40% 左右。因

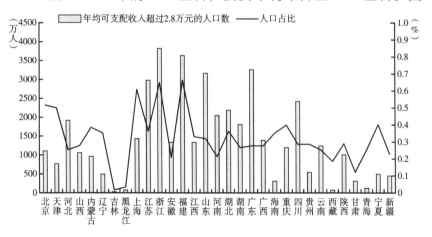

图 2-4　2020 年分省域人均可支配收入在中等偏上水平的人口数量

此，总体判断，居民收入的不断提升，使绿色产品的消费潜力大幅提升。"十四五"时期绿色消费有望进入快速发展阶段。

（二）中国绿色产品的消费情况分析

基于生态环境部环境发展中心的研究，2020年国内得到环境标志认证的企业约有8800家，环境标志认证产品重点分布在20个行业，产值规模已超5万亿元，中国绿色产业发展初具规模（见图2-5）。

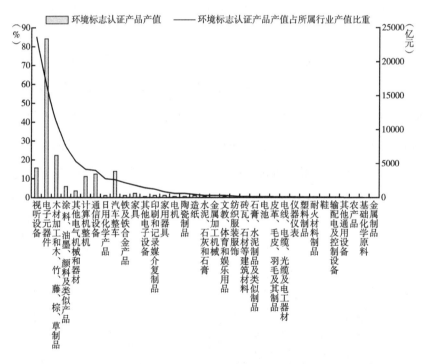

图2-5　2020年环境标志认证产品产值占行业产值的比重

利用2017年投入产出表的估算表明，环境标志认证产品在最终需求中的使用比例仍然不高，且主要呈现出口拉动的特征。

总体来看，最终需求中消费、投资和出口中环境标志认证产品产值占相应部门产品总产值的比重分别为 1.6%、1.9% 和 5%。其中，在最终需求中，环境标志认证产品使用额占该产品最终使用总额的比例最高的是视听设备，其中国内消费和出口的比重都为 27% 左右。但是比如电子元器件、其他电气机械和器材、计算机整机、通信设备等产品，其消费比重远低于出口比重，表明目前国内绿色产品的生产拉动主要还是靠出口，而不是国内消费和投资（见表 2-1）。

表 2-1　2020 年环境标志认证产品使用额占该产品最终使用总额的比重

单位：%

行业分类	最终使用的比重	消费比重	投资比重	出口比重
视听设备	61.4	26.7	7.7	27.0
电子元器件	13.7	0.0	0.8	12.9
木材加工和木、竹、藤、棕、草制品	3.0	0.8	0.2	2.0
涂料、油墨、颜料及类似产品	1.9	0.0	0.2	1.8
其他电气机械和器材	14.9	0.2	0.7	14.1
计算机整机	10.8	0.8	1.7	8.3
通信设备	12.6	2.0	2.3	8.3
日用化学产品	6.6	5.3	0.0	1.3
汽车整车	10.1	2.8	7.0	0.3
铁及铁合金产品	0.4	0.0	0.0	0.4
家具	5.6	1.2	1.8	2.7
其他电子设备	0.9	0.2	0.7	0.0
印刷和记录媒介复制品	0.2	0.0	0.0	0.1
家用器具	3.0	1.2	0.6	1.1
电机	1.2	0.0	0.8	0.4
陶瓷制品	0.5	0.1	0.0	0.4
造纸	0.1	0.0	0.0	0.1
水泥、石灰和石膏	0.0	0.0	0.0	0.0

续表

行业分类	最终使用的比重	消费比重	投资比重	出口比重
金属加工机械	1.0	0.0	1.0	0.1
文教、体育和娱乐用品	0.8	0.2	0.0	0.5
纺织服装服饰	0.5	0.2	0.0	0.3
砖瓦、石材等建筑材料	0.02	0.00	0.00	0.02
石膏、水泥制品及类似制品	0.00	0.00	0.00	0.00
电池	0.13	0.02	0.02	0.09
皮革、毛皮、羽毛及其制品	0.36	0.21	0.00	0.15
电线、电缆、光缆及电工器材	0.09	0.00	0.03	0.07
仪器仪表	0.28	0.02	0.08	0.18
塑料制品	0.09	0.01	0.00	0.08
耐火材料制品	0.03	0.00	0.00	0.03
鞋	0.56	0.34	0.00	0.22
输配电及控制设备	0.25	0.00	0.11	0.14

利用 CGE 模型模拟绿色消费品（环境标志认证产品）未来的发展潜力。本研究基于 2017 年投入产出表拆分出环境标志认证产品，构建了可开展绿色消费经济影响分析的 CGE 模型。首先利用 CGE 模型开展基准情景分析。其中，按照 BAU 情景设计思路，假设不施加额外的补贴政策，对未来的绿色消费品市场规模进行预测。初步测算表明，2020 年绿色消费品规模在 2.2 万亿元，到 2025 年扩大到 3.1 万亿元，比 2020 年增长 40.9%；到 2035 年达 5.6 万亿元，是 2020 年的 2.5 倍（见图 2-6），比人均 GDP 翻一番的发展速度略高。

（三）"十四五"时期绿色消费潜力及影响的多情景分析

在基准情景的基础上，开展政策情景研究，重点假设"十四五"时期通过为绿色消费品减税的方式激励绿色消费发展，

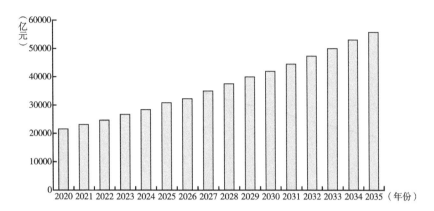

图2-6 2020～2035年基准情景下绿色消费的增长趋势及展望

重点分析绿色消费对经济的拉动作用。

1.绿色消费规模预测分析

政策情景：为推动绿色消费，给用于消费的绿色产品价格补贴是主要的可行手段。因此，本研究初步假设通过消费品补贴的方式来保持绿色消费品价格基本不变，支持绿色消费。具体而言，假设自2021年起，中国启动刺激绿色消费发展的政策措施，按照小步快走的方式，在"十四五"时期，每年为用于消费的绿色产品提供补贴或者减税，实现绿色消费品价格相对基准情景每年下降2%，即相对基准年保持稳定，支持绿色产品消费。计算结果表明，通过补贴的方式能够有效促进绿色消费规模的扩大，2025年和2035年的绿色消费规模分别为3.25万亿元和5.9万亿元，较基准情景分别提高了1700亿元和3400亿元（见图2-7）。

2.绿色消费对宏观经济的贡献

绿色消费增长总体上既扩大了消费规模，又能够拉动GDP增长。"十四五"期间，减税效应持续释放，居民消费规模较基准情景持续扩大，2025年较基准情景增长了0.20%。同时消费

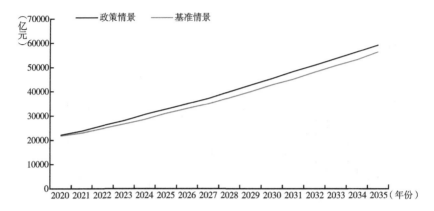

图 2-7　2020~2035 年绿色产品消费减税对绿色消费的刺激作用

扩大会产生一定的出口替代效果，2025 年出口相对基准情景下降 0.24%。消费拉动 GDP 相对基准情景持续扩大，2025 年 GDP 较基准情景增长 0.08%（见表 2-2）。"十四五"之后，考虑政策的技术溢出效益，经济增长规模还将持续扩大。

表 2-2　2021~2035 年绿色消费减税情景的宏观经济变量
相对基准情景增长情况

单位：%

项目	2021 年	2022 年	2023 年	2024 年	2025 年	2030 年	2035 年
GDP	0.03	0.05	0.06	0.07	0.08	0.1	0.12
消费	0.05	0.10	0.14	0.17	0.20	0.22	0.24
投资	0.01	0.02	0.02	0.03	0.04	0.06	0.08
出口	0.00	-0.03	-0.08	-0.15	-0.24	-0.20	-0.19
进口	0.03	0.07	0.11	0.16	0.21	0.22	0.20

3. 绿色消费对节能减排的影响

2025 年绿色产品产出相对基准情景增加 1300 亿元，略小于消费的增幅，反映了一定程度的出口替代效应。2035 年绿色产品产出相对基准情景增加 2800 亿元（见图 2-8）。

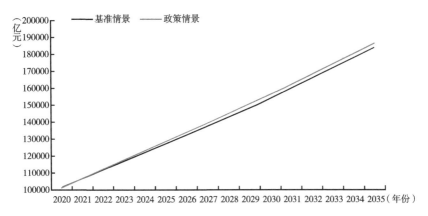

图 2-8　2020～2035 年政策情景下的绿色产品产出的增长趋势

　　从节能角度看，通过补贴的方式推动绿色消费将从两个路径影响碳排放效果。一方面是消费总规模扩大，使产出规模扩大，会刺激碳排放量上升；另一方面是推动消费结构转向绿色化，降低单位消费品的碳排放强度。这两方面综合作用决定了绿色消费激励政策对我国碳减排的效果。综合来看，短期内消费规模扩大的影响是主要矛盾，使刺激绿色消费的政策出台后，能源和二氧化碳排放在短期内是微弱增长；但长期来看，消费结构优化的作用更强，将产生持久的节能降碳效果（见表 2-3）。

表 2-3　2021～2035 年绿色消费产品减税政策对能源需求的影响

单位：%

能　源	2021 年	2022 年	2023 年	2024 年	2025 年	2030 年	2035 年
煤　炭	0.02	0.03	0.03	0.03	0.00	−0.04	−0.05
石　油	0.01	0.02	0.02	0.01	−0.01	−0.02	−0.04
天然气	0.01	0.01	0.01	0.00	−0.01	−0.07	−0.12
电　力	0.02	0.03	0.03	0.03	0.03	−0.02	−0.05

当前我国绿色产品产业发展还主要由出口来拉动。未来随着居民收入的提升，国内绿色消费潜力在大幅提升，为从以出口拉动为主向出口和国内消费协同拉动国内绿色产品产业发展转变奠定了基础。

为扩大绿色产品消费，在消费环节进行补贴是行之有效的政策措施。为此"十四五"时期可适当出台补贴政策，以此激励绿色产品消费增长。具体措施上，建议按照小步快走的方式持续补贴，稳步培育绿色产品消费市场。

三　中国消费的绿色转型测度评估

经济绿色转型程度主要取决于生产和消费部门绿色转型的状况。为衡量经济绿色转型程度，本研究构建了基于产品生产和生活消费过程带来的资源能源消耗和生态环境质量变化的绿色转型指数指标体系，以此反映产品生产和生活消费部门绿色转型程度。

（一）绿色转型指数指标体系构建

生产领域绿色转型指数涉及 4 类指标，每一类指标的权重为 6.25%；生产领域生态环境质量变化指数则涉及 5 类指标，每一类指标的权重为 5%，其中大气主要污染物排放量（工业源）涉及 3 个指标，每个指标的权重为 1.67%，工业废水主要污染物排放量涉及 2 个指标，每个指标的权重为 2.5%。

生活领域绿色转型指数用于测度居民生活方式的绿色转型程度，主要涉及居民生活消费过程中的资源能源消耗和生态环境质量变化。其中，生活领域资源能源消耗指数涉及 4 类指标，每一类指标的权重均为 6.25%；生活领域生态环境质量变化指数则涉及 5 类指标，每一类指标的权重均为 5%，其中大气主要污染物排放量（生活源）涉及 2 个指标，每个指标的权重为 2.5%。

生产和生活领域绿色转型指数下的相关指标分为正向指标和逆向指标。正向指标表示指标值越高，则代表的绿色转型程度越高；逆向指标表示指标值越高，则代表的绿色转型程度越低（见表 2-4）。

表 2-4 绿色转型指数指标体系

一级指标	二级指标	三级指标	序号	单位	指标权重	指标类型
资源能源消耗指数	生产领域	单位 GDP 能源消费量（生产）	1	千克标准煤/万元	6.25%	逆向
		单位 GDP 工业用水量	2	立方米/万元	6.25%	逆向
		单位 GDP 建设用地面积	3	平方米/万元	6.25%	逆向
		单位 GDP 货物运输量	4	吨/万元	6.25%	逆向
	生活领域	人均日生活用水量	5	升	6.25%	逆向
		人均能源生活消费量	6	千克标准煤	6.25%	逆向
		人均私人载客汽车拥有量	7	辆/万人	6.25%	逆向
		人均住宅用地面积	8	平方米	6.25%	逆向
生态环境质量变化指数	生产领域	空气质量改善速度/GDP 增长速度	9	%	5.00%	正向
		水环境质量改善速度/GDP 增长速度	10	%	5.00%	正向
		单位 GDP 二氧化碳排放量（生产）	11	千克/万元	1.67%	逆向
		单位 GDP 二氧化硫排放量（工业）	12	千克/万元	1.67%	逆向
		单位 GDP 氮氧化物排放量（工业）	13	千克/万元	1.67%	逆向
		单位 GDP 化学需氧量排放量（工业）	14	千克/万元	2.50%	逆向
		单位 GDP 氨氮排放量（工业）	15	千克/万元	2.50%	逆向
		单位 GDP 工业固体废物产生量	16	吨/万元	5.00%	逆向

一级指标	二级指标	三级指标	序号	单位	指标权重	指标类型
生态环境质量变化指数	生活领域	人均公园绿地面积	17	平方米	5.00%	正向
		万人公共交通客运量	18	万人次	5.00%	正向
		人均二氧化碳排放量（生活）	19	千克	2.50%	逆向
		人均二氧化硫排放量（生活）	20	千克	2.50%	逆向
		人均生活废水排放量	21	千克	5.00%	逆向
		人均生活垃圾清运量	22	千克	5.00%	逆向

（二）经济绿色转型测度结果

鉴于各指标数据的统计口径和可获得性，本研究对2004～2017年各年度绿色转型指数进行了测算。结果如图2-9所示。

1. 绿色转型程度逐年提高，但上升势头趋于平缓

自2004年至2008年，绿色转型指数逐年大幅提高，2009～2012年，绿色转型指数上升趋势减缓，2013年绿色转型指数出现较大幅度下降，主要是由于其他指标在延续以前年份变化趋势的同时，2013年空气质量大幅下滑。

2. 生产领域绿色转型指数提升对整体绿色转型发挥了重要支撑作用

对比分析生产和生活领域绿色转型指数变化趋势，可以看到，生产领域绿色转型指数自2004年以来提升明显，而生活领域绿色转型指数在2004年至2008年有逐年提升趋势，但2009年以来总体呈降低态势，且自2011年以来，生产领域绿色转型

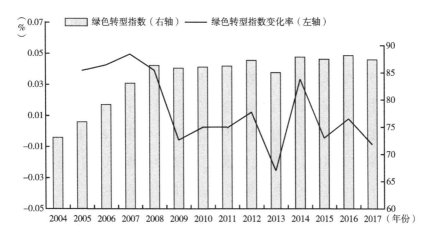

图 2-9 2004～2017 年绿色转型指数变化趋势

指数就开始大于生活领域（见图 2-10）。这反映出生产领域绿色转型的改善对总体绿色转型指数提升起着至关重要的支撑作用，生活领域绿色转型倒退使目前总体绿色转型乏力。这也在一定程度上表明，近年来中国在生产领域的环境治理成效明显，而对于生活领域产生的环境问题关注不够。

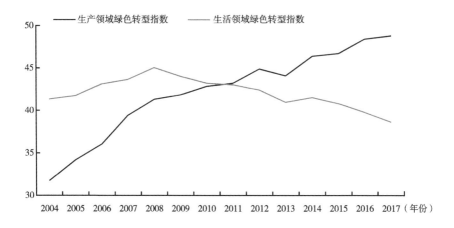

图 2-10 2004～2017 年生产领域和生活领域绿色转型指数变化趋势

3.生产领域绿色转型指数增速放缓，生活领域绿色转型指数下降明显，生活领域绿色转型潜力巨大

生产领域绿色转型指数自 2004 年以来总体呈现上升趋势，其中，生产领域资源能源消耗指数上升趋势平稳，自 2010 年开始大于生活领域，但增长速度有减缓趋势（见图 2-11）。同时生产领域生态环境质量变化指数在波动中有明显上升趋势，自 2014 年开始大幅领先生活领域，这表明近年来生产领域资源能源利用效率在逐步提高，并且生产活动对生态环境质量的负面影响也在逐渐减弱。

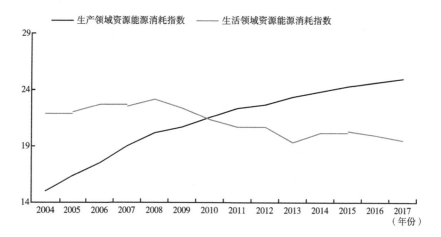

图 2-11 2004~2017 年资源能源消耗指数变化趋势

生活领域资源能源消耗指数自 2009 年以来呈现下降趋势，生活领域生态环境质量变化指数自 2012 年以来呈现明显下降趋势，并且自 2014 年下降幅度开始加大（见图 2-12）。这表明，生活领域对资源能源的消耗量在逐步增大，且利用效率低，同时生活消费对生态环境质量的负面影响也在逐步扩大，已经超过生产领域。

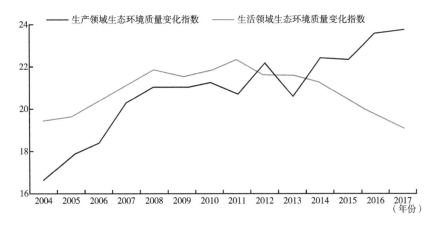

图 2-12 2004~2017 年生态环境质量变化指数变化趋势

4. 生产领域资源能源消耗绿色转型成效显著

测度生产领域资源能源消耗绿色转型程度的指标涉及 4 个，分别为单位 GDP 能源消费量（生产）、单位 GDP 工业用水量、单位 GDP 建设用地面积和单位 GDP 货物运输量。自 2004 年至 2017 年，4 个指标的提升趋势明显（见图 2-13），反映出生产领域单位 GDP 的资源能源消费量在减小，利用效率呈现稳步提升的趋势，生产行为的资源能源消耗绿色转型成效显著。

5. 生产领域生态环境质量变化绿色转型程度不断提升

自 2004 年以来，生产过程中单位 GDP 污染物排放量，如大气主要污染物、工业废水主要污染物、工业固体废物产生量等指标均呈现逐渐减小的趋势，反映出生产行为对生态环境质量的负面影响在减弱。但是单位 GDP 大气主要污染物和工业废水主要污染物排放量的下降幅度趋于缓和，仅单位 GDP 工业固体废物产生量的下降趋势依然较大，表明生产领域大气和水主要污染物

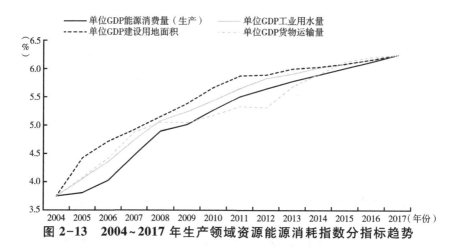

图 2-13　2004~2017 年生产领域资源能源消耗指数分指标趋势

进一步减排的难度增大，而工业固体废物产生量的控制依然有较大潜力（见图 2-14）。

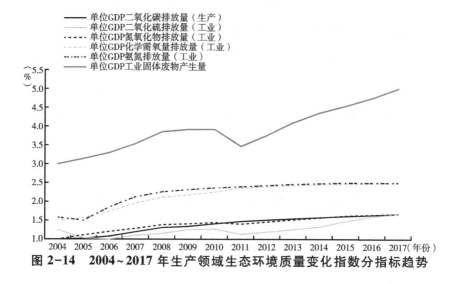

图 2-14　2004~2017 年生产领域生态环境质量变化指数分指标趋势

6.生活领域人均资源能源消耗量不断攀升，生活方式绿色化局面亟待形成

2004~2017 年生活领域资源能源消耗指数变化趋势如图 2-

15 所示，其中人均能源生活消费量指标以及人均私人载客汽车拥有量指标 2004 年至 2017 年逐年持续下滑，反映出随着生活水平的提高，居民消费过程中对能源需求和机动车拥有量的持续增长，且增长势头明显；人均日生活用水量指标自 2011 年以来呈现减小趋势，体现出随着基础设施的完善，生活供水覆盖范围在逐步扩大，人均日生活用水量呈现逐渐增大的趋势；人均住宅用地面积指标 2004 年至 2013 年在波动中下滑，2014 年以来逐步上升，反映出人均住宅用地面积在大幅下降，住宅用地的利用效率在逐年提高。

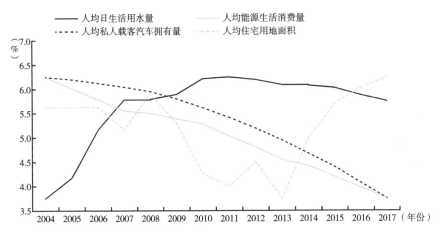

图 2-15 2004～2017 年生活领域资源能源消耗指数变化趋势

7.生活源污染物排放量有增大趋势，生活方式对生态环境质量负面影响显著

生活领域生态环境质量变化指数涉及 6 个指标，2004～2017 年各指标变化趋势如图 2-16 所示。一方面，人均公园绿地面积指标和万人公共交通客运量指标自 2004 年以来上升趋势明显，但上升幅度趋缓，反映出居民对高质量生活环境的需求以及公共基础设施的完善程度在提高；另一方面生活源大气主要污染物（二氧化碳、二氧化硫）排放量指标、生活废水排放量指标、生活垃圾清运量指标均表现出明显的下降趋势，反映出生活领域居民生活消费行为对生态环境质量的负面影响在扩大，绿色生活方式亟待形成。

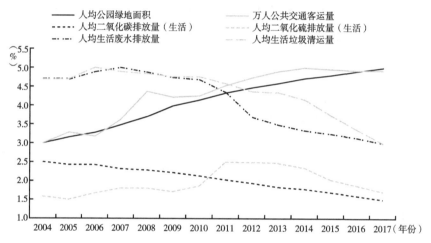

图 2-16　2004~2017 年生活领域生态环境质量变化指数分指标趋势

总体上看，自 2004 年以来中国绿色转型程度逐年提高，到 2008 年之前，生产和消费领域绿色转型都在进步。但自 2008 年起绿色转型势头趋于平缓并出现起伏波动。总体来看，生产领域绿色转型在持续进步，对整体绿色转型发挥了积极的支撑作用，但是消费领域绿色转型程度自 2008 年以来下滑趋势明显，到 2011 年消费领域绿色转型下滑程度超过生产领域绿色转型提升程度。可以说，生产领域绿色转型的效率提升未能弥补消费规模扩张带来的消极资源环境影响，绿色转型中消费领域成为制约整体转型的短板，消费领域绿色转型程度的大幅提升将对中国整体绿色转型和高质量发展发挥决定性作用。

四　中国推动绿色消费的重点领域识别

国际上普遍认同的绿色消费含义包括如下三点：一是倡导消费者在消费时选择未被污染或有助于公众健康的绿色产品；二是在消费过程中注重对废弃物的处置；三是引导消费者转变消费观念，崇尚自然、追求健康，在追求生活舒适的同时，注重环保、节约资源和能源，实现可持续消费。中国消费者协会于 2001 年为绿色消费概括了三层含义：一是消费内容，消费者选择未被污染或有益于公众健康的绿色产品；二是消费过程，尽量减少环境污染，注意垃圾处置；三是消费观念，在追求生活舒适的同时，注意环境保护，节约能源和资源，实现可持续消费。这些基本内涵范畴为确定绿色消费的重点领域和主要任务提供了基本依据和遵循。

（一）绿色消费重点领域的国际经验和国内实践

从国际方面来看，德国、瑞典、欧盟等国家和地区可持续消费或绿色消费重点关注的领域主要包括食品、住房、交通、生活用品、公共采购等。欧盟关注的领域包括食品、交通、住房、消费品、休闲和旅游以及能源、水资源和废弃物这样的交叉领域。虽然欧盟各国的重点可能不同，但这些领域一般为重中之重，并且最终形成可持续消费政策的首要事项。在瑞典，消费产生的温室气体排放量一直是一个重要的影响消费的评价指标。瑞典作出的主要努力是确定消费指标，并且收集产品生命周期内的温室气体排放量数据。居民消费的温室气体排放量占总排放量的主要部分，最突出的是食品、交通和住房这三个领域。瑞典居民消费的温室气体排放量占总排放量的60%，其中，食品、交通和住房领域的排放份额分别是15%、20%和10%。而公共领域的温室气体排放量占11%，剩下的29%归因于投资。因此，食品、交通和住房是可持续消费政策的优先关注领域。德国着重于交通、食品、家庭、住房、衣服、休闲和旅游这六个主要消费领域，交通的温室气体排放量占26%，食品占13%，住房占36%。

从国内相关政策看，《关于促进绿色消费的指导意见》《关于加快建立绿色生产和消费法规政策体系的意见》关注的绿色消费重点领域主要包括旧衣回收、绿色居住、绿色出行、绿色办公、绿色采购、绿色产品供给等。国家发改委发布的《绿色生活创建行动总体方案》提出，从节约型机关、绿色家庭、绿色学校、绿色社区、绿色出行、绿色商场、绿色建筑七个重点领域统筹开展创建行动。

从国内具体实践看，一些重点领域也在不断探索。比如，在建筑领域，推广实行增量建筑的绿色建筑标准以及存量老旧小区的绿色化改造；在汽车交通领域，大力发展新能源汽车应用；在电力领域，发展可再生能源以及推广绿色电力消费；在新业态领域，探索建立数字化低碳生活方式平台；在物流领域，开展绿色包装、绿色运输与配送、绿色回收等；在食物领域，探索建立可持续的食物供应链与消费体系；在金融领域，不断创新和提供绿色消费金融产品。这些都为识别未来国家绿色消费重点领域提供了政策和实践基础。

（二）绿色消费重点领域识别

根据国际经验和国内基础，本研究从三个不同维度来分析和识别中国绿色消费应关注的重点领域，包括不同消费部门的支出和增长情况、不同消费部门的能源环境影响、不同消费部门对经济增长的拉动效应。

1. 不同消费部门的支出和增长情况

按照中国统计体系和口径，居民消费主要分为八大类部门，包括食品烟酒、衣着、居住、生活用品及服务、交通通信、教育文化娱乐、医疗保健、其他用品及服务。2018 年我国食品烟酒支出占比降至 28.4%；居住支出占比为 23.5%；交通通信支出占比 2010 年之前增长较快，此后逐步平稳，2018 年为 13.5%；生活用品及服务占比 6.2%；另外医疗保健、衣着、生活用品及服务和其他商品及服务的比重均稳定在 6%~8%。

根据情景分析模拟，未来中国居民消费将加快从生存型消费向发展型消费拓展的进程，消费结构将动态变化。食品烟酒类和衣着类支出比例将呈下降趋势，居住类和交通通信类将略有下降，医疗保健类、生活用品及服务类、教育文化娱乐类和其他用品及服务类支出占比将持续上升，八大类消费支出及预测如表2-5 所示。总的来看，未来 15 年，居民消费结构不会出现颠覆性变化，食品烟酒、居住仍将占据我国居民消费中的主要部分（见表 2-6）。

表 2-5 2015～2035 年八大类消费支出及预测

单位：亿元

类别	2015 年	2020 年	2025 年	2035 年
食品烟酒	79072	109175	146615	269298
衣　着	21151	27309	33336	67325
居　住	58760	87734	129462	269298
生活用品及服务	16244	34824	68615	134649
交通通信	35999	61143	102275	161579
教育文化娱乐	29627	48229	77677	188509
医疗保健	17946	30738	51785	134649
其他用品及服务	7181	17716	37544	121184

表 2-6 2015～2035 年八大类消费支出占比及预测

单位：%

类别	2015 年	2020 年	2025 年	2035 年
食品烟酒	30	26	23	20
衣　着	8	7	5	5
居　住	22	21	20	20
生活用品及服务	6	8	11	10
交通通信	14	15	16	12
教育文化娱乐	11	12	12	14
医疗保健	7	7	8	10
其他用品及服务	3	4	6	9

2. 不同消费部门的能源环境影响

消费的能源环境效应包括两部分内容，一是基于行业活动的能源消耗与环境污染物排放因子的直接能源消耗和环境影响，这部分直接影响仅限于该行业直接产生的能源消耗与环境污染物排放；二是基于投入产出模型测算消费引致的完全能源消耗和环境影响，这部分完全影响不仅包括居民消费直接产生的能源消耗与环境污染物排放，而且还包括消费的各种产品在生产过程中引起的能源消耗与环境污染物排放。完全影响测算结果如下。

2015 年食品烟酒、衣着、居住、生活用品及服务、交通通信、教育文化娱乐、医疗保健、其他用品及服务每单位支出带来的完全能源消耗分别为 122.44 千克/万元、170.99 千克/万元、125.19 千克/万元、166.80 千克/万元、220.61 千克/万元、138.73 千克/万元、201.27 千克/万元、147.71 千克/万元，其中，交通通信和医疗保健消费每单位支出带来的能耗最高（见图 2-17）。

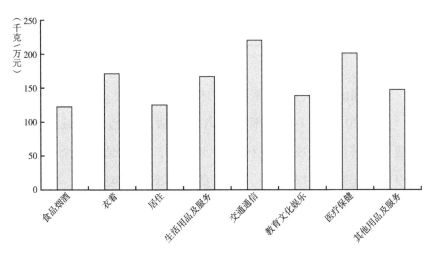

图 2-17　2015 年八大类消费每单位支出带来的完全能源消耗

2015 年，八大类消费每单位支出带来的污染物排放如表2-7 所示。食品烟酒每单位支出带来的 COD 排放量最大，交通通信每单位支出带来的 COD 排放量最小，其他行业相差不大；同样食品烟酒每单位支出带来的氨氮排放量最大，交通通信每单位支出带来的氨氮排放量最小；居住每单位支出带来的二氧化硫（SO_2）和氮氧化物（NO_x）排放量最大，其他行业相差不大，这主要与居住用煤有关。

表 2-7 2015 年八大类消费每单位支出带来的污染物排放

单位：千克/万元

类别	COD	氨氮	SO_2	NO_x
食品烟酒	3.15	0.37	0.50	0.26
衣　着	1.24	0.14	0.67	0.36
居　住	1.11	0.10	2.66	2.32
生活用品及服务	1.01	0.10	0.79	0.48
交通通信	0.59	0.06	0.79	0.58
教育文化娱乐	1.22	0.11	0.73	0.38
医疗保健	1.11	0.11	0.87	0.48
其他用品及服务	1.31	0.13	0.72	0.40

3. 不同消费部门对经济增长的拉动效应

基于 2017 年 149 个部门投入产出表，对重点领域中绿色消费对经济的拉动效应进行分析。首先，依据课题组调研成果从投入产出表中的农产品、加工食品、部分家电设备、家庭用品、汽车制造、建筑和装修、批发零售等行业中拆分出绿色产品和服务部分，再利用拆分后的新表测算不同领域绿色消费对经济的拉动作用。不同类别中绿色产品/服务的生产成本结构与传统产品/服务存在不同。按照八大类划分，目前拆分的产品和服务仅包括在食品烟酒、居住、生活用品及服务和交通通信等领域。

测算结果表明，食品烟酒领域内的 1 单位绿色消费对经济的拉动系数约为 2.5；居住领域的拉动系数为 3.0；生活用品及服务领域的拉动系数最大，约 3.8；交通通信领域的拉动系数为 2.7。综合各类消费占居民消费总量的比重，以及各单位绿色消费的经济拉动效果，初步估算可知，在目前的居民消费结构下，食品烟酒和居住类绿色消费对经济的综合拉动效应最大，其次为交通通信，再次为生活用品及服务（见表2-8）。

表2-8　2017年八大类消费中的绿色消费增长的经济拉动效果

	食品烟酒	衣着	居住	生活用品及服务	交通通信	教育文化娱乐	医疗保健	其他用品及服务
消费占居民消费的比重(%)	28	6	23	6	13	11	8	2
1单位绿色消费的经济拉动系数	2.5	—	3.0	3.8	2.7	—	—	—
综合拉动效应	0.7	—	0.7	0.2	0.4	—	—	—

按照上述测算分析，"十四五"时期中国绿色消费要聚焦食、住、行、用、衣、游等重点领域，明确主要任务，推动其向绿色低碳节约的方式转变，加快形成绿色消费模式，有效促进生态环境质量改善和高质量发展。

五　中国绿色消费指数构建与综合评估

构建绿色消费综合指数，形成系统的量化评估体系，对不同地区绿色消费的水平进行科学、客观的评价，对于衡量不同地区绿色消费发展水平和程度、识别绿色消费发展的短板和不足、推动经济社会发展全面绿色转型具有重要意义。

（一）中国绿色消费综合指数构建

1. 构建原则

本研究的绿色消费行为主体界定为社会居民消费者，关注于产品和服务消费的使用及处置，以及对经济、社会状况、资源环境状况产生的影响。构建的基本原则包括如下几个。

（1）科学性

每一项指标的设计都应该具有明确的实际意义，能够保证评估方法的科学性、评价结果的真实性和公平性。

（2）独立性

所选取的指标在同一层次上要相对独立，彼此间不存在因果关系、不重叠。

（3）政策相关性

所选指标不能与绿色消费的政策相背离，其要能够跟踪、引导和反映政策的效果情况。

（4）数据可得性

在数据获取上需具有现实可行性，以便于操作，最终便于对中国绿色消费水平做出科学的评价。

2. 核心指标框架

基于上述构建原则，本研究构建绿色消费指标体系。在指标的选取上，主要选取了反映消费行为对环境影响和对能源资源消耗的综合性指标，包括生活二氧化碳排放量、生活用电量、生活用水量、生活垃圾清运量4个逆向指标，以及人均公园绿地面积、城镇每万人口公共交通客运量、城镇人均环境基础设施建设投资3个正向指标。前者用来反映消费的资源环境影响，后者用来反映推进绿色消费所作出的努力。

考虑到绿色消费是建立在一定生活水平之上的，为了剔除不同地区收入水平差异带来的绿色消费的不可比性，对逆向指标进行相应的处理，将其确定为每万元消费支出人均生活二氧化碳排放量、每万元消费支出人均日生活用电量、每万元消费支出人均日生活用水量、每万元消费支出人均日生活垃圾清运量（见表2-9）。

表 2-9　绿色消费指标体系

序号	指标	指标类型
1	每万元消费支出人均生活二氧化碳排放量（千克）	逆向指标
2	每万元消费支出人均日生活用电量（千瓦时）	逆向指标
3	每万元消费支出人均日生活用水量（升）	逆向指标
4	每万元消费支出人均日生活垃圾清运量（千克）	逆向指标
5	人均公园绿地面积（平方米）	正向指标
6	城镇每万人口公共交通客运量（万人次）	正向指标
7	城镇人均环境基础设施建设投资（元）	正向指标

注：城镇人均环境基础设施建设投资包括燃气、排水、园林绿化、市容卫生等，不包括集中供热投资。由于缺少垃圾产生量数据，采用垃圾清运量进行替代。
资料来源：国家统计局官网及各省区市统计年鉴。

3. 核心构建方法

对各个统计指标值进行标准化处理，采用极值法计算个体指数，每个统计指标采用百分制计算分值，计算公式为：

$$正向指标: Y_i = \frac{[X_i - \min(X_i)]}{[\max(X_i) - \min(X_i)]} \times 40 + 60$$

$$逆向指标: Y_i = \frac{[\max(X_i) - X_i]}{[\max(X_i) - \min(X_i)]} \times 40 + 60$$

其中 Y_i 为第 i 个指标的个体指数，X_i 为该指标的统计值，$\min(X_i)$ 为该统计指标值的最小值，$\max(X_i)$ 为该统计指标值的最大值。

采用客观赋权法——熵权法确定指标权重。根据各一级指标及其赋予的权重，采用综合指数法计算出各省区市的绿色消费综合指数。即

$$Z = \sum_{j=1}^{n} W_j F_j$$

其中，Z 为绿色消费综合指数，F_j 为第 j 个一级指标的指数值，W_j 为各一级指标的权重，n 为一级指标个数。指数大小反映地区整体消费绿色化水平，指数越大，则表示绿色消费水平较高。

（二）中国绿色消费指数实证评估

考虑到中国各省区市之间经济发展程度不同，城镇化率、收入水平、消费习惯等差异较大，即使在同一个省区市，城乡之间的消费环境与生活方式也存在较大差别。因此，为规避城乡之间的消费差异，本研究主要选取了北京市、天津市、上海市三个直辖市进行地区比较，来初步衡量中国不同地区间绿色消费水平的差异。

这三个直辖市城镇化率均超过 80%，经济发展水平较高且较为接近，能在一定程度上规避绿色消费评价中的城乡差异和收入水平差别较大带来的不一致性影响。具体而言，在城市规模上，上海市位居第一，消费总量较大，居民人均可支配收入和人均消费支出也较高。若以消费阶段来看，上海市最为领先。北京市人均 GDP 最高，发展水平和发展程度较为领先；天津市在发展程度以及居民收入支出上表现相对较弱（见表 2-10）。

表 2-10 2020 年北京、上海、天津与全国消费相关指标统计

指标	北京	上海	天津	全国
建成区面积（平方公里）	1268	1563	605	—
常住人口（万人）	2189.3	2487.0	1386.6	—
人均地区生产总值（万元）	16.49	15.56	9.10	7.24
居民年人均可支配收入（元）	69434	72232	43854	32189
城镇居民年人均可支配收入（元）	75602	76437	47659	43834
居民年人均消费支出（元）	38903	42536	28461	21210
城镇居民年人均消费支出（元）	41726	44839	30895	27007
气候状况	属暖温带半湿润半干旱季风气候，夏季高温多雨，冬季寒冷干燥，春秋短促	属亚热带季风性气候，四季分明，日照充分，雨量充沛，气候温和湿润，春秋较短，冬夏较长	属暖温带半湿润季风性气候，四季分明，春季多风，干旱少雨；夏季炎热，雨水集中；秋季气爽，冷暖适中；冬季寒冷，干燥少雪	
地理位置	位于华北平原北部。西部、北部和东北部三面环山，东南部是一片缓缓向渤海倾斜的平原	位于华东地区。位于太平洋西岸、亚洲大陆东沿、中国南北海岸中心点、长江和黄浦江入海汇合处，是长江三角洲冲积平原的一部分	地处华北平原北部，东临渤海，北依燕山。地势以平原和洼地为主，北部有低山丘陵，海拔由北向南逐渐下降	

1. 绿色消费综合指数

从绿色消费综合指数变化情况来看，全国、北京、天津、上海的绿色消费综合指数均呈波动上升趋势，2014年之后增速开始放缓，在2015~2017年前后达到峰值，之后则在此水平下波动（见图2-18）。对相关指标进行分析可以发现，一方面，2014年之后，居民人均生活用电量等"不利于"绿色消费的指标增速较快。另一方面，人均公园绿地面积、城镇人均环境基础设施建设投资等正向指标增速减缓。两类指标相向而行，共同导致绿色消费综合指数增长趋势放缓甚至有所下降。

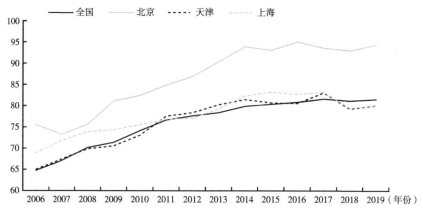

图2-18　2006~2019年绿色消费综合指数变化情况

对不同城市进行比较可以发现，北京市的绿色消费综合指数一直处于领先水平，天津市的绿色消费综合指数和全国平均水平基本相当。从2016~2019年的均值看，上海市的绿色消费综合指数则略高于天津市和全国平均水平，低于北京市（见表2-11）。从具体指标来看，北京市人均公园绿地面积和城镇人均环境基础设施建设投资显著拉高了绿色消费水平，天津市的每万元消费支出人均生活二氧化碳排放量和城镇每万人口公共交通客运量两项指标拉低了其绿色消费水平，其他指标上三个城市则未表现出显著差异。

表 2-11　2006~2019 年绿色消费综合指数

年份	全国	北京	天津	上海	排名情况
2006	64.76	75.51	65.01	68.88	京>沪>津>全
2007	67.09	73.29	67.46	71.81	京>沪>津>全
2008	70.19	75.63	69.88	73.92	京>沪>全>津
2009	71.36	81.05	70.55	74.34	京>沪>全>津
2010	74.12	82.45	73.04	75.50	京>沪>全>津
2011	76.62	84.84	77.52	76.82	京>津>沪>全
2012	77.64	86.87	78.35	77.06	京>津>全>沪
2013	78.37	90.35	80.23	79.22	京>津>沪>全
2014	79.85	93.91	81.50	82.38	京>沪>津>全
2015	80.39	93.06	80.75	83.26	京>沪>津>全
2016	80.86	95.05	80.60	82.75	京>沪>全>津
2017	81.63	93.61	83.06	83.23	京>沪>津>全
2018	81.16	92.96	79.29	79.50	京>全>沪>津
2019	81.54	94.27	80.08	80.20	京>全>沪>津
均值	76.11	86.63	76.24	77.78	京>沪>津>全

2. 绿色消费指标分析

（1）每万元消费支出人均生活二氧化碳排放量

整体来看，该项指标表现的是消费对资源环境的影响，在排名上，天津>北京>全国>上海，且差异较为明显（见图 2-19）。生活领域的二氧化碳排放在一定程度上源于生活用能强度，而生活用能的差异主要表现为消费结构的变化，间接可以反映出消费阶段的不同。天津市在家电、建筑、交通等领域消费强度较大，而北京、上海在休闲、娱乐、文教等方面消费强度较大，这构成了城市间在该指标上的差异。

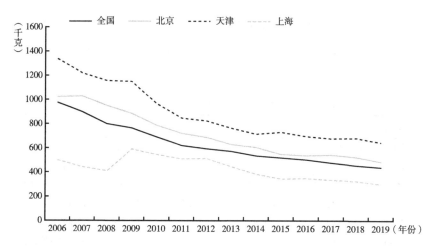

图 2-19　2006~2019 年每万元消费支出人均生活二氧化碳排放量变化情况

（2）每万元消费支出人均日生活用电量

在生活用电强度上，三个直辖市没有显著的大小差异，该项指标对绿色消费综合指数的排名的影响较小。从时间序列来看，近年来，每万元消费支出人均日生活用电量呈现下降放缓甚至有所波动回升趋势（见图 2-20）。

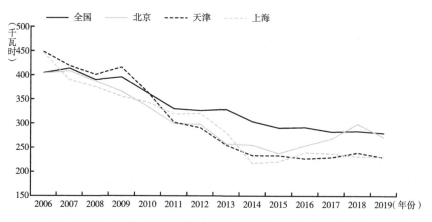

图 2-20　2006~2019 年每万元消费支出人均日生活用电量变化情况

（3）每万元消费支出人均日生活用水量

整体来看，天津、北京、上海明显低于全国平均水平（见图 2-21）。相比较而言，该项指标明显拉低了全国平均的绿色消费综合指数，部分原因在于，这三个城市的城镇化水平明显高于全国，而城市人均日生活用水量相较于农村更加集约。

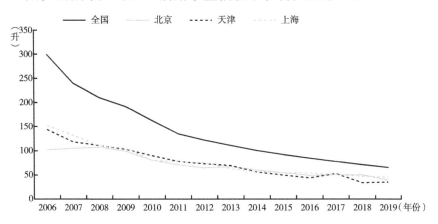

图 2-21　2006～2019 年每万元消费支出人均日生活用水量变化情况

（4）每万元消费支出人均日生活垃圾清运量

比较来看，北京明显高于全国平均水平，天津明显低于全国平均水平，上海市和全国平均水平相当（见图 2-22）。在消费水平和消费结构接近的情况下，该项指标更多地体现为消费行为方面的差异。北京人均日生活垃圾清运量相对更多，反映出其消费行为不绿色。

（5）人均公园绿地面积

整体来看，该项指标呈现上升趋势。北京市波动上升，略高于全国平均水平，而天津、上海则明显低于全国平均水平，一定程度上反映出这两个城市人均公共绿地供给的不足（见图 2-23）。

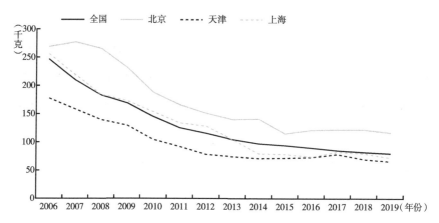

图2-22 2006～2019年每万元消费支出人均日生活垃圾清运量变化情况

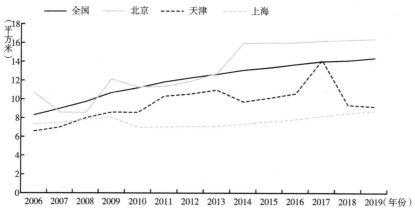

图2-23 2006～2019年人均公园绿地面积变化情况

（6）城镇每万人口公共交通客运量

该项指标在不同城市间差异较大，对绿色消费综合指数差异的贡献较大。北京远高于其他地区和全国平均水平，上海次之，天津略高于全国平均水平（见图2-24）。这反映出北京和上海在公共交通领域更高的绿色化程度。

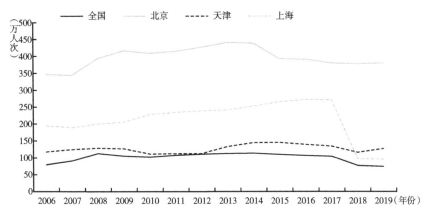

图 2-24　2006~2019 年城镇每万人口公共交通客运量变化情况

（7）城镇人均环境基础设施建设投资

该项指标体现出城市绿色基础设施的供给能力，绿色基础设施供给能力越强，越有利于形成绿色消费方式，越有利于减缓消费活动带来的资源环境影响。2010 年之后，北京在环境基础设施建设投资方面的大幅增长（见图 2-25），显著拉高了北京的绿色消费综合指数。

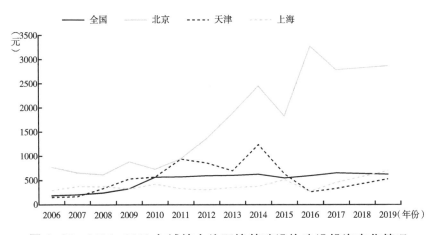

图 2-25　2006~2019 年城镇人均环境基础设施建设投资变化情况

　　基于对绿色消费综合指数的构建和分析，主要形成如下结论。一是绿色消费综合指数整体呈现上升趋势，但2014年以来生活领域人均用电、用能等指标上升趋势加快，带来了绿色消费综合指数上升趋势放缓。二是从三个直辖市的比较来看，北京在人均公园绿地面积、城镇每万人口公共交通客运量以及城镇人均环境基础设施建设投资上具有明显优势，带来了北京市整体较高的绿色消费水平。天津每万元消费支出人均生活二氧化碳排放量表现较差，但每万元消费支出人均日生活用水量表现优异；上海的每万元消费支出人均生活二氧化碳排放量表现优异，但人均公园绿地面积和城镇人均环境基础设施建设投资表现较弱。

　　针对绿色消费综合指数构建和评估，相关学者已开展了一些研究，评估手段和方法也逐渐成熟。但多数研究都局限于数据的可得性和相关性，这与我国目前对绿色消费相关统计数据的采集、监测、分析水平整体较弱有关。"十四五"时期乃至未来相当长一段时期，我国消费领域的绿色转型仍面临着巨大挑战，建立相关数据的统计、监测制度则是未来绿色消费评估的重中之重。本研究的政策启示在于，为促进国家各地方层级社会消费领域绿色转型，一是根据当前绿色消费的政策和实践进展以及未来经济绿色转型和高质量发展的要求，考虑制定推动绿色消费的长期战略性目标，明确具体的目标性指标作为主要抓手；二是要制定地方绿色发展指标体系和监测考核体系，为政府部门作出决策提供科学依据，建立健全激励约束到位的绿色消费政策体系，加速推动消费领域绿色转型；三是要针对各地区社会经济发展水平和当前消费阶段，形成推动绿色消费的差异化路径，明确有针对性的重点领域和任务，推动消费方式向绿色低碳节约转变。

第三章

中国绿色消费的政策和实践

近年来，中国高度重视绿色消费，共发布了 101 项与推进居民绿色生活相关的政策，其中中央和国务院共发布 26 项，主要是推进绿色消费的通知、意见和方案，占 26%。相关部门发布相关政策共计 75 项，主要是落实国家决策而开展的具体措施行动，占 74%。总体来讲，中国绿色消费制度框架的雏形已初步显现。

为具体分析研究绿色消费政策的现状和实践，本研究对 75 项相关部门发布的绿色消费政策与国家统计局 2013 年《居民消费支出分类》的 8 个大类和 24 个中类进行对比分析，梳理和分析政策的分布情况与特点。同时，本研究还分析了中国已经实施的强制类、监管类和信息化政策的实际效果，以期分析与识别目前我国绿色消费政策和实践面临的挑战。

一　中国绿色消费相关政策框架

与绿色消费相关的政策，政府层面主要是中央和国务院为推进绿色消费的相关规划、意见和方案；相关部门出台的政策可分为两类：一类是宏观经济领域发布的经济类政策，另一类是其他与绿色消费相关的政策，比如信息化政策（见图3-1）。

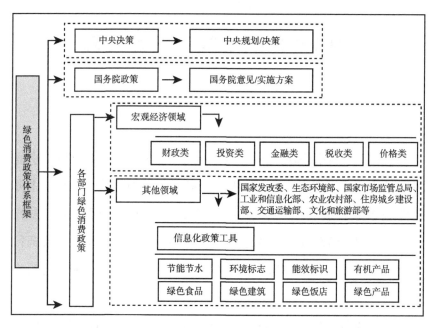

图 3-1 与居民生活相关的绿色消费政策体系框架

中国各层面绿色消费政策数量分布如表3-1所示。

表 3-1 各层面绿色消费政策数量

单位：项

序号	类别		政策数量
1	国家层级	中央决策/国务院政策	26
2	相关部门层级	相关部门政策	75
合计			101

与绿色消费相关的绿色生活方式、绿色生态产品等均出现在不同的国家政策文件中。政府出台的相关文件包括《中共中央　国务院关于完善促进消费体制机制　进一步激发居民消费潜力的若干意见》《完善促进消费体制机制实施方案（2018—2020 年）》《关于积极发挥新消费引领作用加快培育形成新供给新动力的指导意见》等。

相关部门层面也出台了促进绿色消费的相关政策，主要可分为两类：一类为经济类政策，另一类为其他政策，如认证、评价和技术规范等。其中经济类政策 40 项，占比 53%；其他政策 35 项，占比 47%（见表 3-2）。

表 3-2　相关部门绿色消费政策数量

单位：项

序号	经济类政策	数量	序号	其他政策发布部门	数量
1	财政类政策	25	1	国家发改委	10
2	税收类政策	7	2	国家市场监管总局	7
3	价格类政策	5	3	住房城乡建设部	6
4	投资类政策	2	4	国家广播电视总局	3
5	金融类政策	1	5	生态环境部	2
			6	农业农村部	2
			7	商务部	2
			8	工业和信息化部	1
			9	交通运输部	1
			10	文化和旅游部	1
	小计	40		小计	35

二　中国绿色消费政策评估

（一）绿色消费政策与居民消费支出领域对比分析

1.经济类政策

本研究将相关部门出台的 40 项绿色消费经济类政策与我国居民消费支出八大类进行对比分析。

表 3-3　经济类政策分类汇总（大类）

单位：项

居民消费支出八大类	政策数量	财政类	投资类	价格类	税收类	金融类
01-食品烟酒	2	2(100%)	—	—	—	—
02-衣着	2	2(100%)	—	—	—	—
03-居住	9	4(44%)	1	4	—	—
04-生活用品及服务	12	11(92%)	—	—	1	—
05-交通通信	22	14(64%)	1	1	6	—
06-教育文化娱乐	8	7(88%)	—	—	1	—
07-医疗保健	0	—(0%)	—	—	—	—
08-其他用品及服务	3	2(67%)	—	—	—	1

注：括号内为占比，如 01-食品烟酒，财政类政策数量占比＝财政类政策数量（2）/政策总数量（2）×100%＝100%。政策数量相加大于 40 项，因有的政策涉及多个类别，下同。

绿色消费政策在居民消费支出大类的分布特点如下。一是经济类政策集中在交通通信、生活用品及服务两类，分别占到政策总数的 55% 和 30%，食品烟酒、衣着、居住、教育文化娱乐和其他用品及服务分别占到政策总数的 5%、5%、22.5%、20% 和 7.5%，医疗保健类无相关政策出台。二是在经济类政策中，财政类政策（包括补贴、优惠、采购等）在 7 个大类（不包括医疗保健）中覆盖率最高，达到 88%，税收类、投资类、价格类和金融类政策覆盖率分别为 38%、25%、25% 和 13%，如图 3-2 所示。进一步将 40 项宏观绿色消费政策与 24 个中类进行对比分析，结果如图 3-3、图 3-4 所示。

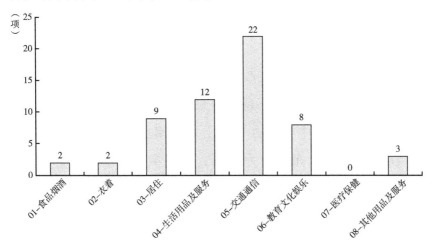

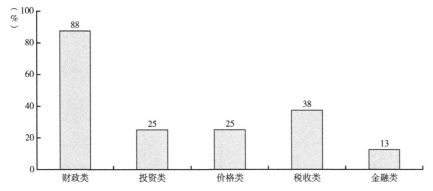

图 3-2　宏观经济政策在居民消费支出八大类中覆盖率

由图 3-3 和图 3-4 看出，绿色消费经济类政策在居民消费中类的分布特点。一是经济类政策主要分布在交通、家用器具和文化娱乐上，分别占到政策总数的 38%、19% 和 14%，饮料

（不含酒精），饮食服务，衣类，鞋类，住房保养、维修及管理，水、电、燃料及其他，家具及室内装饰品，家用纺织品，家庭日用杂品，通信，教育，其他用品和其他服务总共占到政策总数的29%；另外有8个中类的经济类政策数量为0。二是经济类政策中，财政类政策（包括补贴、优惠、采购等）在24个中类的对应占比最高，占比为100%的中类数量为10个；价格类政策在中类"水、电、燃料及其他"有4项，占该类别中政策总数的80%；税收类政策在中类"交通"有6项，占该类别中政策总数的27%。三是各类政策覆盖率差异较大。财政类政策覆盖了24个中类中的16个，覆盖率最高（67%）；税收类政策覆盖了8类，覆盖率为33%；价格类政策覆盖了3类，覆盖率为13%；投资类政策覆盖了2类，覆盖率为8%；金融类政策仅覆盖了1类，覆盖率为4%。

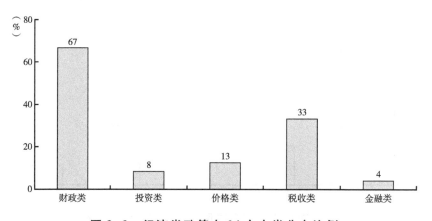

图3-3　经济类政策在24个中类分布比例

总体来看，目前中国的经济类政策主要集中于交通、家用器具和文化娱乐上，其中，财政类政策占了比较大的比重。

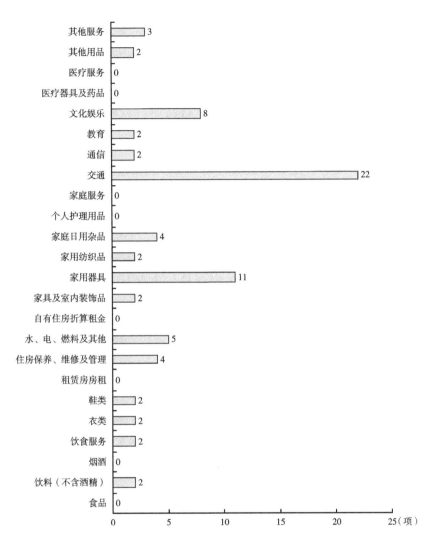

图3-4 绿色消费政策在24个中类分布情况

2.其他政策

在75项相关部门出台的政策中,除了其中40项属于经济类政策外,其余35项其他政策主要聚焦于绿色生态产品/服务认证和评价上。

本研究通过对各项认证相关性、代表性、政府采信度、规范性、数据可获取性、消费者认知程度和开展情况等综合考虑，最终确定选择节能节水产品认证、环境标志产品认证、绿色建筑评价、绿色建材评价、绿色食品标志认证、有机产品认证和绿色饭店评价，将其与居民消费支出类型进行了对比分析。

从表3-4可看出，与其他"专项属性"较强的认证/评价类别相比，环境标志产品认证覆盖的范围最为广泛，覆盖了居民消费支出中的7个大类、15个中类和30个小类，覆盖度最高。从推出的年份看，中国绿色食品标志认证推出的时间最早，从1991年就开始实施。从已发布的评价标准数量来看，节能节水产品认证类别发布的数量最多。从环境绩效看，环境标志产品认证和绿色建筑评价同时具备资源节约、污染物减排和温室气体减排的效果，实现的环境绩效优于其他认证工具。

表3-4　绿色消费领域相关市场化机制实施情况汇总

序号	认证/评价类别	起始年份	主管部门	标准数量（项）	居民消费支出分类情况	市场化政策工具效益分析
1	节能节水产品认证	1999	国家认监委	160	3个大类 5个中类 9个小类	√节能　√节水 √节约物料 √减少 CO_2 排放
2	环境标志产品认证	1993	国家环保总局	101	7个大类 15个中类 30个小类	√节能　√节水 √节约物料 √减少 CO_2 排放 √减少污染物排放

序号	认证/评价类别	起始年份	主管部门	标准数量（项）	居民消费支出分类情况	市场化政策工具效益分析
3	绿色建筑评价	2007	住房城乡建设部	10	3 个大类 6 个中类 11 个小类	√节能　√节水 √节约物料 √减少 CO_2 排放 √减少污染物排放
4	绿色建材评价	2014	住房城乡建设部、工信部	8	2 个大类 2 个中类 3 个小类	√节约物料 √减少污染物排放
5	绿色食品标志认证	1991	农业农村部	126	1 个大类 3 个中类 15 个小类	√减少污染物排放
6	有机产品认证	1995	国家认监委	127	4 个大类 6 个中类 17 个小类	√减少 CO_2 排放 √减少污染物排放
7	绿色饭店评价	2008	商务部	2	4 个大类 4 个中类 20 个小类	√节能　√节水 √减少 CO_2 排放 √减少污染物排放

（二）中国绿色消费政策实施效果

目前，中国在推动绿色消费方面暂未开展顶层设计，没有促进绿色消费的国家规划或行动计划。绿色消费的推进还是以各相关部门出台的政策为主。为了便于分析我国绿色消费政策的实际效果，本研究将绿色消费政策根据其运用的管理手段分为强制类政策、监管类政策和信息化政策（见表3-5）。

表 3-5　中国绿色消费主要政策工具

绿色消费政策类型	主要政策工具	政策领域(部分)
国家战略	—	—
国家行动方案	—	—
强制类政策	财政补助或补贴	高效照明产品、高效节能产品 节能与新能源汽车、节能环保汽车 再制造产品以旧换新、废旧商品回收 老旧汽车报废更新 汽车以旧换新、家电以旧换新 家具以旧换新、低污染排放小汽车减征消费税 成品油质量升级、贷款贴息 实木地板、木质一次性筷子 有机肥产品 废矿物油再生油产品
强制类政策	差别价格与阶梯价格	阶梯电价、阶梯水价、阶梯气价
强制类政策	废弃物处理基金	废弃电子产品回收处理
监管类政策	标准	绿色生态产品标准 中国环境标志产品标准
监管类政策	指令与禁令	环境标志产品政府绿色采购 节能产品政府绿色采购 中小学生教科书绿色印刷 票据票证绿色印刷 报废汽车回收、限塑令、禁止食品过度包装 禁止化妆品过度包装 垃圾分类
信息化政策	中国环境标志产品、节能产品、节水产品、能效标识、水效标识、绿色生态产品、有机食品、绿色食品、有机产品、无公害农产品、绿色饭店、绿色建筑	

1. 强制性政策

本研究对中国的高效节能照明产品推广、高效节能家电推广、高效节能台式微型计算机推广、高效节能电机推广、节能与新能源汽车推广、油品升级、废弃电器电子产品回收及再制造和废旧汽车回收及再制造的强制性绿色消费政策的实施效果进行了分析与汇总（见表3-6）。

中国的高效节能照明产品推广、高效节能家电推广、高效节能台式微型计算机推广、高效节能电机推广、节能与新能源汽车推广等绿色消费强制性政策的实施，客观上短时间内提高了节能产品的市场占有率，促进了产业结构调整，拉动了消费需求，对社会绿色生态产品的消费起到了很好的示范效应，而且政策也对目标群体产生了"价格下降、节电省钱、生活质量提高"等多重惠民效果，例如，油品升级政策促进我国燃油行业的质量升级，废弃电器电子产品回收及再制造政策和废旧汽车回收及再制造政策为电器电子产品回收行业和废旧汽车回收行业发展都作出了巨大贡献，减少了污染物排放，产生了巨大的环境效益。

但是某些政策在执行过程中客观存在一些问题，使政策效果与设计目标产生了偏差，如废弃节能灯的污染问题、高效节能家电推广和节能与新能源汽车推广政策的骗补问题、高效节能台式微型计算机推广的时机问题、高效节能电机推广政策的补贴时间和节能与新能源汽车补贴滑坡过快的问题。

2. 监管类政策

本研究对节能产品政府采购、环境标志产品政府采购和绿色印刷政策实践效果进行了评估。结果表明，节能产品政府采购、环境标志产品政府采购和绿色印刷政策是三项实施比较成功

表3-6 强制性政策实施效果分析

序号	领域	政策文件/工程名称及实施时间	政策效果	存在的问题
1	高效节能照明产品推广	《高效照明产品推广财政补贴资金管理暂行办法》 实施时间:2007~2013年	截至2013年,全国已累计推广节能灯等高效照明产品7.8亿只,年节电能力达320亿千瓦时,减排二氧化碳3200万吨	节能灯回收工作面临"三不管"问题,废弃节能灯普遍被当作普通垃圾来处理,节能灯所含的汞直接进入自然界的食物链,危害人类健康
2	高效节能家电推广	节能惠民工程 实施时间:2009~2013年	2017年,中国高效节能空调、电冰箱、洗衣机、液晶电视、热水器等5类产品国内销售近1.5亿台,近5000亿元,可实现年节电约100亿千瓦时,相当于减排二氧化碳650万吨,二氧化硫1.4万吨,氮氧化物1.4万吨和颗粒物1.1万吨,碳减排和污染物协同减效益明显	相关的事中事后监管没有到位,导致高效节能家电推广补贴政策在实施过程中存在骗补现象
3	高效节能台式微型计算机推广	节能惠民工程 实施时间:2012~2013年	政策普及度不够,计算机推广补贴政策遭冷遇,效果不明显	台式电脑市场占有率很小,品牌、型号都有限,而笔记本并不享受补贴,节能补贴采用经销商预先垫付的形式,比较麻烦,且补贴力度较小,让商家对节能补贴兴趣不大

续表

序号	领域	政策文件/工程名称及实施时间	政策效果	存在的问题
4	高效节能电机推广	节能惠民工程 实施时间:2010~2017年	截至2017年,我国高效电机市场占有率为10%,高效电机推广效果不显著	高效电机的价格普遍较高,比普通电机一般高出20%,部分甚至超过50%,补贴效果不明显;补贴不及时,该政策2010年出台,但直至2017年才开始清算电机推广补贴
5	节能与新能源汽车推广	《关于开展节能与新能源汽车示范推广工作试点工作的通知》 实施时间:2010年	2017年,新能源汽车产销量分别为79.4万辆和77.7万辆,同比增长53.8%和53.3%,分别是2013年的45倍和44倍。仅三年时间我国新能源汽车在全球占比就迅速攀升,份额从不到10%提升至44.39%,我国成为全球第一大新能源汽车产销国	推广初期的补贴水平过高,不可持续,但在随后推出的补贴退坡政策中,补贴量的调整过大过快,2017年主要车型的补贴量较退坡前减少40%~50%(中央与地方补贴合计)。补贴政策的产业发展导向性不足,补贴门槛和准入标准的设置缺乏明确而严格的产业发展导向性;存在骗补套利问题
6	油品升级	《国家发展改革委关于油品质量升级价格政策有关意见的通知》 实施时间:2013~2017年	从国Ⅰ提至国Ⅳ,每提高一次标准,单车污染物减少30%~50%。与国Ⅳ标准相比,国Ⅴ标准中硫含量从不大于50ppm大幅降为不大于10ppm。据国家标准委测算,仅国Ⅴ汽油标准后续实施将大幅减少汽车辆污染物排放量,预计在用车每年可减排氮氧化物约30万吨,新车5年累计可减排氮氧化物约9万吨	

续表

序号	领域	政策文件/工程名称及实施时间	政策效果	存在的问题
7	废弃电器电子产品回收及再制造	《商务部 财政部 环境保护部关于印发家电以旧换新推广工作方案的函》 实施时间:2010~2011年	家电以旧换新以及基金补贴政策带来了良好的环境效益,催生了一批以旧换新的终端销售企业以及废旧家电回收行业的发展。大大促进了家电回收行业的发展。截至2017年底,全国共有29个省区市的109家废弃电器电子产品拆解处理企业纳入废弃电器电子产品处理基金补贴企业名单	拆解企业收入严重依赖基金补贴,自我造血机制较差;补贴发放时间长,拆解企业普遍面临较大资金压力;补贴基金入不敷出,制度有待改善,主要是由生产者缴纳基金标准显著低于生产补贴标准所致
8	废旧汽车回收及再制造	《老旧汽车报废更新补贴资金管理暂行办法》 实施时间:2002年	以旧换新政策不仅促进了汽车消费,更加快了淘汰高污染"黄标车"和老旧汽车的进程。对引导车主及时报废更新车辆,防止报废车辆流向社会,减少道路交通安全隐患,保护人民群众生命财产安全发挥了积极作用。2017年,全国689家报废汽车回收拆解企业共回收报废机动车174.1万辆,同比下降3.2%,其中汽车147.2万辆,同比下降7.6%	我国报废汽车回收拆解行业虽然近几年来发展迅速,但与发达国家相比,大多数企业采取粗放式报废回收方式,管理理念普遍存在落后,设施简陋等现象普遍存在。回收水平低,难以提高报废汽车中的零部件的回收率,导致报废车可以被回收利用的零部件变成废品,增加环境负担

的政策；这些政策均不需要政府的额外财政投入，政府发布相关的政策规定，通过对绿色消费的积极引领和示范，带动整个行业的转型升级，取得了非常好的环境效益和社会效益（见表3-7）。

表 3-7 监管类政策实施效果分析

序号	领域	政策文件及实施时间	政策实践效果	存在的问题
1	节能产品政府采购	《节能产品政府采购实施意见》 实施时间：2004 年	截至 2018 年，发布节能产品政府采购清单第 24 期（2018 年 8 月 10 日发布），根据第 24 期清单，现纳入政府强制采购和优先采购的节能节水产品认证品目共计 26 个大类，包含 51 种节能产品和 8 种节水产品，其中 23 种节能产品（办公设备、照明产品等）和 4 种节水产品（便器等）为政府强制采购产品。政府采购制度有效促进了消费向高效节能产品转型，推动了公共机构的节能工作	节能强制采购产品种类偏少
2	环境标志产品政府采购	《关于环境标志产品政府采购实施的意见》 实施时间：2006 年	截至 2018 年，已发布了 22 期环境标志产品政府采购清单。清单从第 1 期的 14 类产品发展到第 22 期的 69 类产品，包括办公设备及耗材、乘用车、生活用电器、家具用具以及建筑材料等；入选企业和产品从第 1 期的 81 家 856 个产品型号发展到第 22 期 3077 家 392586 个产品型号；根据财政部数据统计，2017 年中国环境标志产品政府采购规模已达到 1711.3 亿元，占政府采购同类产品的 90.8%	在政府采购中仅属于优先采购，政策的强制程度不高

序号	领域	政策文件及实施时间	政策实践效果	存在的问题
3	绿色印刷	《关于实施绿色印刷的公告》 实施时间：2011 年	自 2016 年起，全国 13 亿册中小学秋季教科书已经全部实现了绿色印刷，北京、上海、陕西等地区部分儿童读物也采用了绿色印刷。据抽样统计测算，目前，环保油墨使用量已经占到全国油墨总使用量的 25%，较上年提高了 5 个百分点；在胶印领域，已经有 30% 的企业安装了粉尘收集装置。这使印刷行业近 55% 的从业人员的工作条件得到改善，已有 60% 的票据采用了绿色印刷，改善了票据印刷人员、经手人员的工作环境。实施绿色印刷惠及印刷上下游全产业链的从业人员和广大的社会民众	目前绿色印刷只发布了 4 项产品标准，标准的种类偏少

3.信息化政策

本研究对节能节水产品认证、环境标志产品认证、绿色饭店、有机产品、绿色食品、绿色建筑、绿色建材等领域的政策实践效果进行了评估（见表3-8）。评估结果显示，首先，绿色生态产品/服务认证评价为我国消费者实践绿色消费提供了场景。其次，绿色生态产品/服务认证评价产生了良好的环境绩效。随着绿色生态产品品种增多与规模不断扩大，绿色生态产品/服务认证评价的环境绩效逐步显现。

表 3-8　信息化政策实践实施效果分析

序号	领域	政策文件及实施时间	政策实践效果	存在的问题
1	节能节水产品认证	《中国节能产品认证管理办法》 实施时间：1999 年	截至 2017 年，获得"节"字标的节能节水产品认证证书的企业 4812 家，证书数量为 104816 张，分别同比增长 15.8% 和 16.1%。节能产品认证 2016 年实现节约电能 56543.26 万千瓦时，折合标准煤 1781.11 万吨；节水产品认证 2016 年实现节约水资源 462.22 亿吨	国内多家机构均可开展类似的认证，其技术规范不尽一致，测试结果可比性差，认证标志各异，影响了认证的权威性和有效性。存在恶性竞争的现象
2	环境标志产品认证	《中国环境标志标识管理办法》 实施时间：1993 年	截至 2018 年，中国环境标志有效获证企业数量为 3418 家，获证产品型号 40 余万种，形成了 4 万亿元产值的绿色市场。据测算，2016 年度，中国环境标志节电 247.4 亿千瓦时，节水 4431 万吨，减少二氧化碳排放 579 万吨，减少 VOC 排放 89 万吨，减少 COD 排放 3665 万吨，减少总磷排放 8 万吨，减少塑料垃圾产生 1.23 万吨，减少工业废渣产生 2156 万吨，减少纸浆使用 253 万吨，增加塑料回收利用 3 万吨	目前，有关中国环境标志的标准种类偏少，仅限于与消费者接触比较紧密的产品，在生产过程中资源能源消耗量比较大、污染比较严重的产品以及服务方面还缺乏相关的标准
3	绿色饭店	《商务部办公厅关于进一步开展创建绿色饭店活动的通知》 实施时间：2008 年	截至 2018 年，已评定绿色饭店企业 1500 余家，绿色饭店评审员 2300 余人	虽然发布了绿色饭店行业标准，并且对绿色饭店评定标准进行了细化和量化打分，但是在真正实施的过程中，由于该规定仅仅是行业规范，并无法律强制约束力，即使酒店未按规定执行，也不会受到法律的制裁，监管效力较差

序号	领域	政策文件及实施时间	政策实践效果	存在的问题
4	有机产品	《有机食品标志管理办法》 实施时间：1995年	截至2017年，中国有机产品标准在中国境内发放的有机证书共18330张，有机产品认证获证企业数量为11835家。2017年，我国有机产品依然以初级产品为主，植物类产品证书最多为11814张，占全部有机证书的比重高达63.3%；加工类生产证书4928张，占26.4%；畜禽类生产证书951张，占5.1%；水产类和野生采集类证书相对较少，分别为541张和441张，占比分别为2.9%和2.4%	重认证过程，轻事后监督管理，目前中国有机产品认证行业存在买卖有机产品标识的情况，企业违法私自印制或使用有机产品标识，带来恶劣的市场效应
5	绿色食品	《绿色食品标志管理办法》 实施时间：1993年	截至2018年，累计13860家企业的31946种产品获得了绿色食品标志（含已失效绿色食品标志）	绿色食品认证宣传力度不够，对发展绿色食品在保护生态环境方面的作用宣传力度不足。在消费者最关心和市场需求较大的畜禽肉类产品、水海产品所占比重较小
6	绿色建筑	《绿色建筑评价标识管理办法》（试行） 实施时间：2007年	截至2016年，获得绿色建筑评价标识项目387个，其中运行标识项目51个，占比13.18%；设计标识项目336个，占比86.82%	目前的绿色建筑评价标识管理制度主要对标识申报程序、备案、公示、公告等相关工作进行了规定，一是缺少针对各级评价机构所评项目质量的有效监管机制，评审质量难以保证；二是对标识项目实施情况的监管有待加强，设计施工图中的内容最终并未落实的现象时有发生；三是对设计标识项目是否一定申报运行标识也缺乏约束，标识难以发挥应有的作用

序号	领域	政策文件及实施时间	政策实践效果	存在的问题
7	绿色建材	《绿色建材评价标识管理办法》 实施时间：2014年	截至2018年，我国获得绿色建材评价标识产品共计924个，其中砌体材料产品163个，占比17.64%；保温材料产品86个，占比9.31%。预拌混凝土产品428个，占比46.32%；建筑节能玻璃产品8个，占比0.87%；陶瓷砖产品98个，占比10.61%；卫生陶瓷产品25个，占比2.71%；预拌砂浆产品115个，占比12.45%。在全类别评价标识中，获得三星标识的产品占比达到67.10%，二星和一星产品分别占比31.39%和1.52%	目前国内对绿色建材的认知和认可度不高，绿色建材的基础研发和标准开发工作还存在欠缺

三 中国绿色消费政策和实践面临的挑战

我国绿色消费面临两大问题：一方面，绿色消费产品供给不足，无论是绿色食品、节能产品、绿色建筑、公共交通还是环境标志产品，规模都较小，远未成为衣、食、住、行等领域必需消费品的主流，相关可持续消费选择的资源环境的规模效益有限；另一方面，消费者对绿色消费品选择的意愿增长较快，但更关注消费过程对自身健康的影响，某些消费行为的现状不容乐观。阿里研究院的一项分析表明，在阿里零售平台上可持续消费者比例从2011年的3.8%快速增长到2015年的16.2%，增长最快的人群是 23~28 岁群体，且绿色商品的平均溢价达 33%（绿色商品价格与非绿色商品价格比）。一项针对中国环境标志的公众调查结果显示，90%的受访者知晓"中国环境标志"，78.4%的受访者愿意为"中国环境标志"认证产品支付同等甚至更高的价格。然而，中国垃圾分类的困境和过度消费及浪费现状，说明消费行为和生活方式的绿色化面临很大挑战。

总体上看，无论是强制性政策，还是监管性政策和信息化工具，中国居民衣、食、住、行等领域的绿色消费政策都取得了积极成效，但是部分绿色消费政策的执行过程还有改进的空间。从政策框架和实践来看，中国的绿色消费政策体系还面临以下挑战。

（一）缺乏系统谋划和顶层设计

中国国家层面的相关文件与法规体现了绿色消费的理念和原则要求，但目前一些具体政策还仅限于政府部门颁发的管理办法、通知、指导意见等规范性文件，门类不全，政策层次及效力较低，尚未形成由法律法规、政策、标准、技术规范以及监督和责任追究制度等构成的完善的政策体系。与绿色消费相关的政府职能分散，生态环境保护部门在推动绿色消费转型中的作用有待增强，政策及管理碎片化问题较为突出。

（二）对绿色消费的推动力不足

目前，我国出台的绿色消费政策集中在日常用品和服务及交通等方面，政策范围偏窄。我国在绿色服务消费如生态旅游、环境服务、绿色设计、衣着等领域缺乏政策规范、支持和引导。在绿色生态产品领域，与资源能源节约相关的政策较多、效果较好，但与环保相关的政策较少、效果不佳，目前的政策局限于对节能产品的补贴，如对空调、冰箱、液晶电视、洗衣机等高效节能产品的财政补贴政策取得了良好的市场效果和节能效果，但是对减少环境污染的补贴不足，是否使用绿色生态产品完全靠消费者自身做出选择。目前的政策对绿色消费的驱动力不足，调控作用有限。

（三）绿色消费与环境质量改善目标结合不紧密

其一，在信息化工具产品认证领域，各项认证与中国当前环保重点工作目标和污染防治攻坚战结合不紧密，目前产品认证的政策功效尚未充分发挥。其二，目前的政策对绿色消费的驱动力不足，导致宏观环境对绿色消费的引领作用不突出。

（四）企业与公众绿色消费内生动力不足

企业与公众对绿色消费市场成熟度认知分歧较大。全民绿色消费理念尚处在培育阶段，行业绿色消费自身发展动力不足。从供给看，绿色消费产品供给不足。另外，企业研发生产绿色生态产品的意愿不高，创新能力和核心竞争力不强，部分企业炒作"绿色"概念，绿色生态产品有效供给不足。从需求看，消费者对绿色消费品选择的意愿增长较快，但更关注消费过程对自身健康的影响。另外，绿色生态产品因成本较高，存在"叫好不叫座"现象，市场需求潜力还有待进一步挖掘。

四　中国新发展阶段绿色转型的新部署

当前，中国已经进入高质量发展阶段。党的十九届五中全会全面擘画了中国"十四五"时期经济社会发展目标以及 2035 年远景目标，促进经济社会发展全面绿色转型成为实现全面建设社会主义现代化国家宏伟目标的内在要求和必然选择，因此，准确判断新发展阶段中国绿色生产与消费的关键重大问题，完善调整推动绿色生产与消费的重要政策，对于加快促进经济社会发展全面绿色转型极为必要。

（一）新发展阶段、高质量发展与绿色发展的关系

党的十八大以来，中国特色社会主义进入新时代，中华民族迎来了从站起来、富起来到强起来的伟大飞跃。党的十九大以来，我国发展站在新的更高的历史起点上，对实现第二个百年奋斗目标作出两个阶段推进的战略安排。党的十九届五中全会明确提出要把握新发展阶段，深入贯彻新发展理念，加快构建新发展格局，实现高质量发展，这是由中国经济社会发展的理论逻辑、历史逻辑、现实逻辑决定的。新发展阶段标志着中国从全面建成小康社会向全面建设社会主义现代化国家迈进，是中国社会主义发展进程中的一个重要阶段，明确了中国发展的历史方位。创新、协调、绿色、开放、共享的新发展理念是一个系统的理论体系，回答了关于发展的目的、动力、方式、路径等一系列理论和实践问题，阐明了中国关于发展的政治立场、价值导向、发展模式、发展道路等重大政治问题，明确了中国现代化建设的指导原则。构建以国内大循环为主体、国内国际双循环相互促进的新发展格局是一项关系中国发展全局的重大战略任务，构建新发展格局，实行高水平对外开放，必须具备强大的国内经济循环

体系和稳固的基本盘。构建新发展格局的关键在于经济循环的畅通无阻，其最本质的特征是实现高水平的自立自强，明确了中国经济现代化的路径选择。

"十四五"时期经济社会发展要以推动高质量发展为主题，这是根据中国发展阶段、发展环境、发展条件变化作出的科学判断。因为中国仍处于并将长期处于社会主义初级阶段，仍然是世界上最大的发展中国家，发展仍然是中国共产党执政兴国的第一要务。当前，中国社会主要矛盾已经转化为人民日益增长的美好生活需要和不平衡不充分的发展之间的矛盾，发展中的矛盾和问题集中体现在发展质量上，这就要求中国必须把发展质量问题摆在更为突出的位置，着力提升发展质量和效益。因此，新时代新阶段的发展必须贯彻新发展理念，必须是高质量发展。

高质量发展是能够很好满足人民日益增长的美好生活需要的发展，是体现新发展理念的发展，是创新成为第一动力、协调成为内生特点、绿色成为普遍形态、开放成为必由之路、共享成为根本目的的发展。因此，高质量发展不只是经济发展的高质量，而是在新发展阶段贯彻新发展理念构建新发展格局对经济社会发展各方面和全过程的普遍要求。

总之，在全面建成小康社会后，中国现代化建设的路径是实现高质量发展，绿色是实现高质量发展的原则、特征与衡量标准。在新发展阶段，实现高质量发展，就需要贯彻新发展理念、构建新发展格局。这些概念及其逻辑关系决定着中国"十四五"时期经济社会发展的目标和任务。

（二）中国碳达峰目标与碳中和愿景

2020 年 9 月 22 日，习近平主席在第七十五届联合国大会一般性辩论上宣布，中国将提高国家自主贡献力度，采取更加有力的政策和措施，二氧化碳排放力争于 2030 年前达到峰值，努力争取 2060 年前实现碳中和。2020 年 12 月 12 日，习近平主席在气候雄心峰会上进一步宣布：到 2030 年，中国单位国内生产总值二氧化碳排放将比 2005 年下降 65% 以上，非化石能源占一次能源消费比重将达到 25% 左右，森林蓄积量将比 2005 年增加 60 亿立方米，风电、太阳能发电总装机容量将达到 12 亿千瓦以上。

实现碳达峰碳中和是中国向世界作出的庄严承诺，也是一场广泛而深刻的经济社会变革。中国承诺实现从碳达峰到碳中和的时间，远远短于发达国家所用时间，需要付出艰苦努力。中国将碳达峰碳中和纳入生态文明建设整体布局，正在制定碳达峰行动计划，广泛深入开展碳达峰行动，支持有条件的地方和重点行业、重点企业率先达峰。中国将严控煤电项目，"十四五"时期严控煤炭消费增长。此外，中国已接受《〈蒙特利尔议定书〉基加利修正案》，加强非二氧化碳温室气体管控，已经启动全国碳市场上线交易。

（三）"十四五"时期中国绿色低碳发展的目标和任务

"十四五"时期，中国生态文明建设进入以降碳为重点战略方向、推动减污降碳协同增效、促进经济社会发展全面绿色转型、实现生态环境质量改善由量变到质变的关键时期。需要保持战略定力，站在人与自然和谐共生的高度来谋划经济社会发展，形成节约资源和保护环境的空间格局、产业结构、生产方式、生活方式，统筹污染治理、生态保护，应对气候变化，促进生态环境持续改善，努力建设人与自然和谐共生的现代化。

到 2025 年，中国绿色发展目标是实现生态文明建设新进步，具体包括国土空间开发保护格局得到优化，生产生活方式绿色转型成效显著，能源资源配置更加合理、利用效率大幅提高，主要污染物排放总量持续减少，生态环境持续改善，生态安全屏障更加牢固，城乡人居环境明显改善。到 2035 年，要广泛形成绿色生产生活方式，碳排放达峰后稳中有降，生态环境根本好转，美丽中国建设目标基本实现。

总体来看，与"十三五"时期相比，中国"十四五"时期经济社会发展进入"深度"绿色转型期，绿色生产与消费实践进入实质性的实践阶段，这也是衡量"深度"绿色转型的标志，非常关键。根据"十四五"规划，未来全面深入有力推动绿色生产与消费，需要更加具体的配套行动方案和切实管用的政策措施，需要部门的统一协调和分工细化，需要尽快制定重点消费领域和重点生产行业的绿色行动方案，形成推动绿色生产与消费的施工图。

（四）新冠疫情下推进绿色生产与消费的挑战和机遇

1. 新冠疫情对消费的影响

根据国家统计局发布的数据，2020 年 1~3 月，中国社会消费品零售总额 78580 亿元，同比名义下降 19.0%；其中，3 月下降 15.8%（见图 3-5）。除汽车以外的消费品零售额 72254 亿元，下降 17.7%。

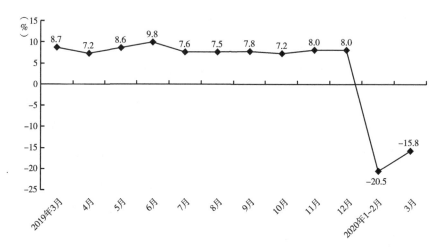

图 3-5 社会消费品零售总额分月同比增速
（2019 年 3 月至 2020 年 3 月）

按经营单位所在地分，2020 年 1~3 月，城镇消费品零售额 67855 亿元，同比下降 19.1%；乡村消费品零售额 10725 亿元，下降 17.7%。

按消费类型分，2020 年 1~3 月，商品零售额 72553 亿元，同比下降 15.8%；餐饮收入 6026 亿元，下降 44.3%。

按零售业态分，2020 年 1~3 月，限额以上零售业单位中的超市零售额同比增长 1.9%，百货店、专业店和专卖店分别下降 34.9%、24.7% 和 28.7%。

2020 年 1~3 月，全国网上零售额 22169 亿元，同比下降 0.8%，降幅比 1~2 月收窄 2.2 个百分点。其中，实物商品网上零售额 18536 亿元，增长 5.9%，占社会消费品零售总额的比重为 23.6%；在实物商品网上零售额中，吃类和用类商品分别增长 32.7% 和 10.0%，穿类商品下降 15.1%。

但是，要看到中国消费长期稳定增长趋势不会改变。总体来看，新冠疫情对消费市场短期影响较大，商品零售额大幅下降；零售和餐饮企业加速转型，网上商品零售保持增长；超市等自助式零售业态小幅增长，社区零售店降幅小于总体水平；粮油食品类商品零售增长较快，防护用品销售显著增长。但是中国消费市场规模大、潜力足、韧性强，长期平稳向好趋势没有改变。受短期外部因素冲击影响，居民消费需求只是暂时被抑制，居民消费意愿和能力并未消失，短期波动不会改变长期向好发展趋势，消费市场长期稳定增长和加快转型升级的发展态势没有改变。随着疫情因素消除，抑制性消费逐步释放以及市场供给结构持续优化，中国消费市场仍将保持平稳增长。

2. 机遇

人们认识到，应对未来此类经济社会冲击的最好方式，就是调整我们的经济社会制度，实现深度的生态可持续性和社会可持续性。新冠疫情发生让人类开始重新审视生命、反思发展方式、反思欲望，人类开始调整自己的生产方式、生活方式和消费方式，物质性消费比重在下降，精神性消费比重在上升。疫情发生后，"宅经济""宅消费"应运而生，一些新兴消费业态快速发展，在线消费普及，网络视频消费迅猛增长，短视频播放平台快速发展。疫情发生后，线下传统零售业受到较大影响，电商和新零售加快发展，为消费者提供了更多选择。新冠疫情发生后，"无接触"产业需求迅速增加，"无接触"经济迎来发展风口。

新冠疫情发生以来，国际社会也开始加速和深化绿色转型。

如欧盟、德国、瑞典、日本等地区和国家正在制定绿色转型的愿景和路径，采取绿色复苏计划，在低碳转型、绿色出行、循环经济与生态设计、可持续食物等领域，要求将可持续性贯穿于运行的各个层面，同时推出了大量新的监管和市场化政策、措施以及教育活动以推动绿色复苏。

3. 挑战

同时，也要清醒地看到，为应对疫情造成的经济增速放缓，各国纷纷出台或拟出台提振经济的刺激措施。这些举措虽然给绿色发展带来了希望和机会，但也存在极大的不确定性。在发展经济的巨大压力和冲动下，一旦放松对环境的要求，以牺牲环境来换取经济增长的路径依赖会增强，这将是对环境治理的巨大挑战，甚至可能引发生态环境质量倒退。

根据国家统计局数据，2020 年中国全年能源消费总量为 49.8 亿吨标准煤，比上年增长 2.2%，其中煤炭消费量增长 0.6%。根据世界银行 2021 年 6 月发布的《全球经济展望》，预计中国 2021 年增速将加快至 8.5%。这一增速与世界银行 2021 年 1 月发布的《全球经济展望》相比高出了 0.6 个百分点，中国的复苏已从公共投资领域扩展到消费领域，由于出口活跃，在疫情得到有效控制后被压抑的需求得到释放，其中，中国非绿色行业的增长在加大。疫情中新业态的发展如快递、外卖等也带来环境的隐忧。2020 年截至 9 月，中国产生包装废弃物 600 亿件，接近 2019 年的 635.2 亿件；如果不能有效控制包装废弃物的迅速增长，不仅要消耗大量资源，还将产生大量废弃物。

五 绿色消费是推进经济高质量发展的重要选择

（一）需求和供给是经济活动紧密关联的两面，供给侧高质量发展离不开需求侧的优化升级

绿色消费的发展壮大，为绿色经济体系建设创造了广阔市场空间。2019 年中国居民消费的恩格尔系数已经降至 28.2%，较 2013 年的 31.2%下降了 3 个百分点，未来随着人口结构变化以及城镇化水平提高，在就业、收入、社保等有利消费因素的共同作用下，恩格尔系数还会持续下降，预计到 2035 年继续下降到 20%，达到联合国划分的 20%～30%的富足标准；同时中国居民消费形态将进一步由物质型向服务型、由生存型向发展型转变，人均交通通信、教育文化娱乐、医疗保健等服务型消费支出比重提高。中国消费规模、结构及偏好的这些重要变化和趋势必然会诱发生产和服务的供给侧作出相应的调整。在这一过程中，若积极引导居民转向绿色消费，将有效推动绿色产品制造业以及节能环保产业发展，产生绿色新动能。同时绿色产品制造业以及节能环保产业自身产业链长、关联度大、吸纳就业能力强，在自身发展壮大的同时，还能带动更多其他相关产业发展。直接增量和间接拉动效应将使绿色消费对经济增长产生正向拉动作用。

（二）推动绿色消费是挖掘新动能和实现经济稳增长的重要方向

一般而言，绿色产品较传统产品的生产链条更长、品质更高，逐步扩大绿色产品消费，对经济的拉动作用会更强。但短

期内生产绿色产品也可能产生因价格较高、占用更多预算而挤占其他消费的不利影响，这也值得关注和评估。为此，我们利用大规模动态可计算一般均衡模型针对绿色消费替代传统消费开展多情景分析。在居民消费偏好不变的简化假设下，绿色消费对传统消费的替代短期经济负面冲击有限，中长期则会带来持续经济正增长。

具体而言，与基准情景下 2020～2025 年的消费走势相比（见图 3-6），假设 2020 年起居民消费的食品、汽车、建筑、家电、生活用品中约 4000 亿元产品（占居民消费总额的 1%）被绿色产品替代，则会使短期内 GDP 相对基准情景略降 0.06%（约 610 亿元），短期负面影响较小且可控。这是因为绿色产品价格相对较高，使居民消费的综合平均价格相对基准情景上升 0.11%，明显高于 GDP 平减指数（仅上升 0.02%）。按照宏观经济生产法 GDP 及支出法 GDP 的平衡关系，所出现的价格差会导致生产侧就业短期下降 0.12%以及 GDP 下降 0.06%。

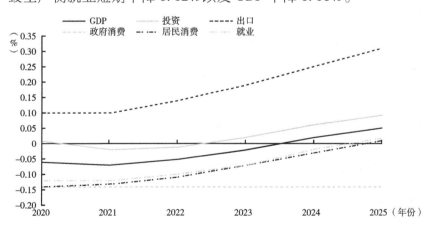

图 3-6　2020～2025 年居民消费总额 1%的传统产品被绿色消费产品置换的宏观经济影响

然而从中长期来看，随着对绿色产品生产投资开始赢利，GDP 相对基准情景逐渐转为正增长，预计 2025 年 GDP 相对基准情景增长 0.05%（相当于增加 730 亿元），其中投资增长 0.09%（相当于增加 490 亿元），居民消费增长 0.01%（相当于增加 60 亿元），带动出口增长 0.30%（相当于增加 590 亿元），同时就业会增长 0.02%（相当于增加 60 万人）。

假设占居民消费总额 2% 的传统产品被置换为绿色产品，同样会得到类似的趋势，短期内经济相对基准情景损失有所扩大（-0.25%），但是中长期获得的经济正增长也会更大（0.14%）。

在上述情景假设中，尚未考虑绿色产品会比传统产品给消费者带来更高品质的享受、荣誉感、获得感以及更大的环境效用。目前 CGE 模型尚未对这种情景进行量化分析，但定性判断表明，在这种现实情况下，上述情景中的短期经济负面冲击可能会得到显著对冲，甚至短期就实现宏观经济正增长，同时中长期的正增长规模也有望同步扩大。

（三）绿色消费对传统消费的替代还将有效推动产业结构的优化升级，绿色产品的生产制造业将实现持续较快增长

从上述 CGE 模型得到的行业产出结果看，若 2020 年开始实施绿色消费替代，无论是短期（2020 年当年）还是中长期（2025年）绿色产品的生产产出将实现持续较快增长，会带动行业的整体增长（抵消负面影响），带来绿色增长新动能。其中，食品制造业中的绿色新动能、汽车制造业中的电动汽车制造和服务业中的绿色批发零售的增量规模最大，是推动绿色消费的首选行业。

表 3-9　绿色产品置换对主要部门增加值的影响（2017 年当年价）

单位：亿元

主要部门	2020 年	2025 年	主要部门	2020 年	2025 年
食品制造业	-1571	-1744	绿色家用产品制造业	5	8
绿色食品制造业	1600	1856	汽车制造业	-49	-54
建筑业	-3	30	电动车制造业	61	75
绿色建筑业	5	13	批发零售业	-217	-112
家用产品制造业	-9	4	绿色批发零售业	200	247

（四）绿色消费对传统消费的替代还具有较明显的资源环境效应

绿色产品在生产过程中更多地使用电力、天然气等清洁能源，而减少对煤炭、油品的消耗，从而有利于推动能源清洁化转型。根据模型测算的能源消费结果，基准情景下（尚未考虑 2020 年新冠疫情的影响）我国 2020 年能源消费量达到 49.5 亿吨标准煤。若居民消费总额 1% 的传统产品被绿色产品置换，能源消费总量下降 0.05%，其中，煤炭需求下降 0.07%，石油需求下降 0.08%，天然气需求下降 0.06%，非化石发电增长 0.05%，初步估算可减少二氧化碳排放量 700 万吨，同时约少排放 5.6 万吨二氧化硫和 3.1 万吨的氮氧化物。

| 第四章 |

绿色消费案例研究

一 汽车行业的绿色消费与生产

汽车产业是中国国民经济支柱产业之一，我国汽车产销量已连续12年位居全球首位。2020年，中国汽车产业链、供应链均受到新冠疫情较大冲击，但随着中国疫情防控形势持续向好、促消费政策措施持续发力，汽车产销量增速自3月开始逐步回升，全年累计产销规模均超过2500万辆。与此同时，汽车产业是能源消耗和温室气体排放的重要部门：交通运输领域作为化石燃料消耗较高的行业，汽油、柴油消耗量分别占全国总消耗量的46%和68%（国家统计局2018年数据）；汽车碳排放量约占全国碳排放总量的7.5%（其中大部分来自汽车运行使用阶段消耗的汽油、柴油等化石能源）。有效控制汽车行业碳排放总量对中国尽早达到碳排放峰值、尽快实现碳中和尤为重要。

根据前期研究结果，首先，明确了汽车绿色消费与生产的战略地位，参考国内外新能源汽车绩效评价方法，得出新能源汽车在 CO_2 排放、能源消耗等方面的生态效益；其次，从顶层设计、消费端、生产端三方面对国内外政策现状及我国政策面临的主要问题进行分析；最后，基于前面的研究，从顶层设计、生产、购置、使用、报废回收等五方面提出促进汽车行业绿色消费与生产的政策体系，具体包括建立汽车产品绿色税制，完善节能与新能源汽车经济激励政策，推进研究空调制冷剂 HFCs 替代技术方案，健全汽车零部件再制造政策法规体系，推动动力蓄电池回收利用行业规范及可持续发展等。

在前期研究的基础上，本研究将碳中和目标同汽车税制改革有机结合，聚焦绿色税制，研究提出通过绿色税制推动汽车行业绿色低碳发展的政策措施。

（一）现状与问题

汽车产业已成为中国国民经济战略性支柱产业之一。2009年以来汽车销量连续十年保持全球第一，近几年占全球汽车总销量的比例接近 30%。据中国汽车工业协会统计，中国汽车相关产业从业人员占全国城镇就业人数比重连续多年超过 10%，目前已超过社会就业总人数的 1/6，且汽车产业每增加 1 个就业人员可带动增加 10 个相关人员就业。据统计，2017 年交通运输领域汽油、柴油消耗量分别占全国总消耗量的 46% 和 66%；2018年汽车 NO_x 排放量占全国 NO_x 总排放量的 43.6%，但其贡献的 NO_x 减排量却不足 20%。

国内外相关研究表明，若非化石能源被用于发电和制氢，则推广电动乘用车可有效缓解气候变化，且未来的车辆效率提升有望将燃油汽车的排放降到 $450\mathrm{gCO_2e/mi}$（每英里二氧化碳当量）以下，混合动力汽车、燃料电池电动汽车和纯电动汽车的排放可降到 $300\sim350\mathrm{gCO_2e/mi}$。在其整个生命周期中，混合动力汽车和纯电动汽车比燃油汽车的环境成本低，纯电动汽车的环境成本仅为燃油汽车的 36.04%，混合动力汽车和纯电动汽车的总能耗分别是传统燃料汽车的 59.92% 和 52.20%；与燃油汽车相比，纯电动汽车和混合动力汽车在使用阶段的能源消耗较低。大力发展新能源汽车，节能减排效应突出，也是实现汽车行业绿色消费的重要手段。

中国已初步建立推动汽车行业绿色低碳发展的政策体系。在汽车生产端，中国相继颁布的《固体废物污染环境防治法》《清洁生产促进法》《循环经济促进法》等法律，在源头削减污染、提高资源利用效率、生产者责任等方面提出了相应要求，并陆续出台了一系列相关的政策和标准。在汽车消费端，中国已初步建立推动绿色消费的若干政策体系，涵盖财政补贴、税收政策和交通政策三个方面。其中财政补贴包括整车购置补贴、城市公交车运营补贴、充电基础设施奖励补贴，以及地方政府出台的相关配套财政补贴，总体上，目前，中国通过发挥中央及地方的财政合力加快推进新能源汽车产业发展。税收政策主要是运用税收杠杆引导汽车消费、调节产品结构，包括制定差别化税率和实施新能源汽车税收优惠政策等。交通政策以地方政策为主，用于提升节能与新能源汽车使用便利性，并降低使用成本，包括购置环节的申请牌照优惠、保险费用优惠，通行环节的路桥通行费优惠、高速通行费优惠、停车费减免优惠、路权便利特权、停车便利特权等。

但目前的政策仍存在问题，未能充分发挥对绿色低碳发展的引导作用。一是政策缺乏系统统筹和长期规划。汽车行业绿色消费与生产政策未进行统一规划，尚未形成涵盖法律法规、标准、技术规范的政策体系；政策涉及多个部门，各类支持政策缺乏系统性和协调性；生产与消费政策未能有机结合。二是环保制冷剂的替代缺乏激励机制。目前，中国汽车生产企业在环保空调制冷剂替换及减排方面的社会意识并不明确，尚未建立淘汰 HFCs 的资金机制。三是生产者责任延伸制度尚未落实。后端拆解环节的运转困难，也对生产者落实生产者责任造成了障碍。四是尚未建立奖惩结合的绿色消费政策。中国前期绿色消费政策仍偏重奖励机制，包括财政补贴或税费的减免，尚未形成长期引导绿色消费的良性机制。

（二）新能源汽车产业评价

中国将新能源汽车列为战略性新兴产业之一，先后建立了包括产业指导、研发支持、生产监管、购买激励和使用激励在内的全方位产业政策体系。在产业政策的推动下，新能源汽车产业取得了令人瞩目的成绩，集中表现在新能源乘用车市场份额逐渐攀升、车型种类不断丰富和关键技术水平持续提高三个方面。但是，产业政策引发的产业问题也同样突出，成绩与问题的并存也引发了产业界和学术界关于新能源汽车产业政策实施效果的争论，有必要对此进行系统评价。

按照产业政策的作用环节，对 2009~2017 年中国新能源汽车政策进行梳理和解构，可分为 4 个环节：一是研发环节政策工具，包括国家或地方层面鼓励新能源汽车研发的资金支持；二是生产环节政策工具，包括单独设立新能源汽车相关投资资质，设置新能源汽车生产比例要求；三是购置环节政策工具，主要包括在购置环节给予直接财税优惠等直接激励政策和在私人领域限制购买燃油车等间接激励政策；四是使用环节政策工具，主要包括降低使用环节成本的各种财税优惠政策以及不限行、优惠停车等非财税政策。

用基于层次分析法的改进模型对产业政策的贡献度进行分析，结果表明：新能源汽车产业政策整体有效。其中，购置补贴对新能源汽车产业发展的综合贡献度最高，贡献度接近50%，在促进技术进步、成本下降、市场增长方面，作用均最为显著；税收优惠政策、企业产品准入规定、国家研发计划和交通支持政策贡献度依次递减。此外，从单项指标来看，税收优惠政策和交通支持政策对技术进步贡献度较大，研发计划和税收优惠政策对成本降低的贡献度较大，交通支持政策和税收优惠政策对市场增长的贡献度较大。同时，评估结果也反映政策体系存在一定缺陷：一是购置补贴政策综合贡献度过大，造成产业、企业、消费者依赖度较大，易导致补贴退坡背景下市场发生断崖式下跌；二是国家研发计划的支持力度有待加大，应进一步提高其对技术进步的贡献度。

（三）汽车行业绿色低碳发展的税制改革设计

针对中国汽车行业绿色低碳发展存在的上述4个问题，特别是后3个问题，进行绿色税制改革至关重要，具有牵引和多赢的作用。结合政策效果和实施特点，在政策设计中，重点考虑以税收政策为主，以财政补贴政策作为有效补充，共同推进。

具体包括如下几点。

1. 鼓励开发和使用非 HFCs 类替代品和替代技术的财税政策

环保汽车空调制冷剂的推广可借助实施节能与新能源汽车税收优惠政策引导。目前《轻型汽车污染物排放限值及测量方法》第七阶段的制定工作已经开展，温室气体是重要管控内容。未来可实施基于排放和燃料消耗量指标的乘用车车辆购置税、消费税优惠政策。对提前达到燃料消耗量目标值和排放要求（包含制冷剂排放要求）的车型，根据其提前达标的年限，给予不同程度税收优惠。同时，借鉴《财政部 发展改革委 工业和信息化部关于开展 1.6 升及以下节能环保汽车推广工作的通知》文件的模式，可直接"鼓励环保制冷剂等节能环保技术和产品的使用"。

2. 推动建立生产者责任延伸制度的税收优惠政策

针对企业在回收报废汽车过程中较难取得增值税进项发票、可抵扣的进项税额有限这一问题，实行简易征收方式。针对报废汽车回收拆解先进技术和设备购置投入大、投资回报周期长等问题，对于环保投入大、符合相关评审要求的企业，减征企业所得税。为推动报废汽车回收拆解企业提高环保水平，提高汽车回收价格，减少废车流入非法市场，提升汽车整体回收利用率，可比照研发费用加计扣除政策，再按实际发生额的 50% 抵扣应税所得额。

3. 针对汽车产品的奖罚税政策

在保证汽车税收总体平衡的前提下，以现行汽车税制为基础进行优化调整，加强现有税种对节能环保的调节作用。政策设计近期目标与远期目标相结合，依据产业竞争力发展水平设定政策实施阶段。2021~2025年，继续实施现行新能源汽车免征车辆购置税政策并逐步退坡；2026年起，引入基于能效指标的车辆购置税和消费税优惠政策。能效指标方面，目前我国已制定、发布并实施了《乘用车燃料消耗量限值》和《乘用车燃料消耗量评价方法及指标》等一系列有关汽车燃料消耗量试验方法、限值和标识的重要标准，建立了较为完善的乘用车燃料消耗量标准体系，将乘用车燃料消耗量指标纳入汽车税制已具备一定基础，实施奖罚税制度，首先可在原有税制的基础上增加乘用车百公里燃料消耗量指标；待时机成熟后可逐步加入排放指标、电动汽车的电耗指标等。

（四）汽车行业绿色税制效果评估

1. 鼓励开发和使用非HFCs类替代品和替代技术的财税政策

通过汽车税制引导汽车行业开展环保汽车空调制冷剂的替代，一方面充分体现了汽车行业作为我国工业支柱产业在环保方面的贡献与表率作用，另一方面也为我国氟化工行业的转型升级提供了机遇与条件。根据测算，若采用R152a（二氟乙烷）或R1234yf（2，3，3，3-四氟丙烯）作为R134a（1，1，1，2-四氟乙烷）替代制冷剂，假设从2021年起每年在新生产车中替代比例线性增加，到2030年新生产车实现全部替代，均可实现在2029年碳排放达到峰值。此替代情景下，R152a作为替代制冷剂在2025年当年可实现碳当量减排300万吨，在2030年可实现减排2070万吨；R1234yf作为替代制冷剂2025年当年可实现碳当量减排230万吨，2030年可实现减排1830万吨。

2. 推动建立生产者责任延伸制度的税收优惠政策

实施推动建立生产者责任延伸制度的税收优惠政策，在鼓励行业发展方面，一是有利于提高行业总体回收价格，进而扩大报废汽车回收总量；二是有利于减少行业发展对财政补贴的依赖，形成良性的滚动发展机制。其中，增值税计税方法调整有利于节约企业纳税成本；企业所得税优惠有利于提高企业盈利能力，有利于提高行业总体回收价格，进而扩大报废汽车回收总量。

根据中国物资再生协会统计数据，2019 年全国报废汽车回收拆解行业增值税纳税总额约为 20 亿元，增值税优惠政策可为行业节约增值税纳税成本约 15 亿元；行业营业利润 31.6 亿元，企业所得税优惠政策又可提高利润约 3 亿元。假设企业将节约的纳税成本及提高的利润中的 50% 用于提高汽车回收价格，则平均单车回收价格约可增加 400 元；参考汽车价格需求弹性系数（购置成本每降低 1% 约可带动销量增长 2.6%），平均单车回收价格增加 300 元，约占汽车购置成本的 0.4%，预计可带动以旧换新汽车销量（及报废汽车总量）增加当年汽车销量的 1%，即 25 万辆。在回收的废车中，部分零部件可以开展再制造，再制造是资源再利用的最高形式，可以节约大量的材料，减少气体及固废产生。以单台发动机为例，每生产 1台发动机，可节约钢材 59 公斤、铝材 8 公斤，节电 170 千瓦时，减少二氧化碳排放 56 公斤、一氧化碳排放 6 公斤、氮氧化物排放 1 公斤、硫化物排放 4 公斤、固体废弃物 290 公斤。按报废车中 5% 的发动机开展再制造估算，政策实施后，可增加再制造发动机 1.25 万台，节约钢铁 737.5 万吨、铝材 100

万吨，节电 212.5 万千瓦时，减少二氧化碳排放 700 万吨，减少一氧化碳、氮氧化物、硫化物合计排放 137.5 万吨，减少固体废弃物 3625 万吨。

实施加计扣除政策对拉动生产者责任延伸相关投入将发挥有力带动作用。根据对行业调研情况估算，报废汽车回收拆解企业目前在安全、环保方面的投入约为年销售额的 10%；根据 2019 年行业销售额数据测算，约为 30 亿元。如实施加计扣除政策，则应纳税所得额降低 15 亿元，所得税可减少 3.8 亿元。此外，随着下一步推动落实生产者责任延伸制度的政策实施力度加大，未来生产企业将在此方面增加投入，加计扣除政策有利于减少行业发展对财政补贴的依赖、形成良性的滚动发展机制。

3. 实施针对汽车产品的奖罚税政策

实施针对汽车产品的奖罚税政策，实现税率与能耗水平（碳排放量）挂钩，有利于长期引导绿色低碳汽车产品消费。

为实现对未来整体乘用车市场空间及各车型销量占比的预测，课题组构建了乘用车市场渗透模型，模型分为保有量模块和市场渗透率模块两个部分，利用各模块分别对乘用车整体市场空间、各年销量走势、车型市场份额进行预测，两部分结合即可得到各车型市场预测销量。为实现对基于不同政策场景下的各车型市场份额的分析，研究假定消费者在选购乘用车决策过程中，主要考虑各车型的购置价格、使用过程中的燃料成本和充电加油补充燃料的便利程度，并将其归类为三项成本，即购置成本、燃料成本及便利性成本。同时在各成本项中进行细分，基于仅有合规成本的基础政策场景和实施绿色税制方案的综合政策场景，设置不同的税收增长方案及综合税率。应用嵌套多元 logit 模型，通过对模型指标及其影响因素的判断，预测消费者对各车型的选择概率，进而得到乘用车市场各车型的市场份额及绿色税制方案的实施效果预测。

应用模型进行预测分析，在绿色税制方案下，2025 年新能源汽车销量预计超过 330 万辆，市场占比提升至 14.1%；2030 年新能源汽车市场优势进一步显现，销量规模预计超过 900 万辆，市场占比提升至 35.0%；2035 年新能源汽车销量预计接近 1300 万辆，市场占比提升至 47.0%。

结合《新能源汽车产业发展规划（2021—2035 年）》和《节能与新能源汽车技术路线图 2.0》中提出的各车型燃料消耗量目标，以及中国电动汽车百人会《面向汽车革命的顶层设计与战略协同》对于我国新能源汽车实际运行规律的分析，在绿色税制政策背景下，考虑新能源汽车燃油替代及传统车、混合动力汽车节油水平提高导致的油耗下降情况，预计 2025 年当年销量可实现节油 303 万吨，2030 年可节油 579 万吨，2035 年可节油 664 万吨。在基础政策背景下，预计 2025 年当年销量可实现节油 285 万吨，2030 年可节油 560 万吨，2035 年可节油 620 万吨，分别相当于二氧化碳减排 898 万吨、1764 万吨和 1953 万吨。

参考生态环境部《中国移动源环境管理年报（2019）》中公布的污染物排放量核算情况计算乘用车单车污染物排放因子，经测算，在绿色税制政策背景下，2025 年新能源乘用车销量预计为 330 万辆，可减少各项污染物排放约 3 万吨；2030 年新能源乘用车销量预计为 922 万辆，可减少各项污染物排放约 8.5 万吨；2035 年新能源乘用车销量预计为 1300 万辆，可减少各项污染物排放约 11.7 万吨。

二 绿色建筑：居住建筑绿色化改造

（一）现状与问题

国家统计局 2018 年数据显示，居住支出占中国居民消费的 23.5%，仅次于食品（28.4%），而建筑能耗约占社会总能耗的 1/3。推动民用建筑的绿色化成为促进绿色消费市场发展的重要方面。中国既有的近 600 亿平方米建筑，95% 以上是高耗能建筑，单位建筑能耗比同等气候条件的发达国家高出 2~3 倍；建筑垃圾资源化率不足 5%，远低于发达国家 90% 的水平。巨大的能源资源消耗与浪费，直接影响国民经济的高质量发展。

2019 年，国家发展改革委、住建部等部门联合调查显示，目前中国老旧小区约 17 万个，住宅面积共 40 亿平方米以上，牵涉上亿人居住问题。预测结果显示，未来十年房地产投资实际增速在"十四五"末可能回落至零并逐步趋向负增长，老旧小区累计住宅面积增速将明显加快。近年中国多地开展了不同程度的老旧小区改造工程，出现了一些问题和不足。一是偏重单项改造，缺乏整体上的设计；倾向于简单的工程，缺乏后续科学的管理。二是多为政府包办，社会资本和百姓参与渠道不健全，民营企业参与动力不足。三是财政补贴和税收优惠等政策支持力度较小，难以带动投资向绿色建筑产业倾斜。

（二）老旧小区绿色化改造和绿色建筑的多重效益

老旧小区改造包括更新和原地复建，在推进过程中应充分调动地方政府、居民、企业的积极性和能动性，发挥市场在改造更新过程中的决定性作用，统筹规划、注意长效、分类施策、细处着眼、先行先试，充分释放改造更新带来的民生、经济、环境方面三重红利。

绿色建筑是智慧城市建设的重要抓手。建设智慧城市的一个根本落脚点是要让市民充分感受到智慧城市将更加节约资源，生活更加便利、更加舒适安逸。其中绿色建筑正是"集约、智能、绿色、低碳"生态文明新理念融入城镇化的着力点，也是建筑领域未来发展大势所趋，更是智慧城市的典型特征之一。因此，可依据相应规划建设的标准和技术规范，借鉴互联网思维，统筹新一代信息技术，全面服务于建筑领域节能减排和居住舒适性的需要，规划建设以人为本、高效运行、可持续发展的智慧城市。

自 2012 年 11 月住建部办公厅下发《关于开展国家智慧城市试点工作的通知》以来，全国已建立近 600 个智慧城市试点，超过 500 座城市明确提出构建智慧城市的相关方案。《智慧城市 顶层设计指南》和《智慧城市时空大数据平台建设技术大纲（2019 版）》相继发布，推动智慧城市建设。

目前，中国绿色建筑产业发展处于"幼稚期"，因建造成本相对较高，绿色建筑相关产品在市场中缺乏竞争力，难以形成规模效应。本研究从老旧小区绿色化改造和新建绿色建筑两个角度，通过可计算一般均衡模型（CGE），定量分析短期内绿色建筑发展带来的经济效益、民生效益和环境效益，得出如下几个结论。

1.经济效益方面

若适度增加对绿色建筑的投资规模，短期内会对中国经济增长具有显著的正向拉动作用，GDP、投资、出口、政府消费4个主要经济指标短期内均呈现上升趋势，且变化率逐年增加。

2.民生效益方面

投资由传统建筑适度转向绿色建筑领域，对促进房地产业的健康发展、扩大就业机会、保障民生具有积极作用。但同时也要防范投资期望膨胀或投资过度带来的负面影响。

3.环境效益方面

统计结果显示，人类从自然界中获得的50%以上的物质原料都用来建造各类建筑及其附属设备。这些建筑在建造和使用过程中又消耗了全球能量的50%左右；与建筑有关的空气污染、光污染、电磁污染等占环境总体污染的34%；建筑垃圾产生量占人类活动产生垃圾总量的40%。而绿色建筑一方面因为使用绿色建材，可以节约建材能耗；另一方面也会在使用过程中节能。有研究表明，与传统建筑相比，绿色建筑可节约能源30%左右。此外，绿色建筑在节水、节地等方面也有明显效果。因此，绿色建筑的环境效益相当可观。

（三）推动中国居民建筑绿色化改造的初步结论与建议

1.需要高度重视绿色建筑发展问题

在新冠疫情后经济回升、高质量发展和生态文明建设的综合背景下，加快研究节能减排新发展模式、突破传统产业发展瓶颈、寻找经济发展新动能是中国的必然选择。在能源消耗的三大板块——建筑、交通、工业中，建筑产业最具节能潜力。因此，要充分重视绿色建筑的推广应用，推动绿色建筑产业健康发展，进而实现经济与能源高质量发展目标，满足人民群众对美好生活的向往。在新建建筑按绿标要求的同时，更要重视老旧建筑绿色化改造，让绿色化改造成为这一轮的抓手和重点。

2. 建立完善老旧小区改造更新治理机制

界定政府、企业与居民间的权利义务，明确改造更新过程中各参与者的角色和职能；制定改造更新涉及的权属界定和调整的管理办法，建立建管交接制度及司法调解机制。制定老旧小区改造更新规划调整的顶层设计和指导意见，最大限度地提升小区品质。建立共商共建共享机制，鼓励小区建立由多方主体参与的联席会议制度，有序推进规划、设计、施工、验收等环节的各项工作。创新财政税收支持政策，对同一区域老旧小区原地复建项目，给予贴息贷款支持。创新投融资机制，推进政府和社会资本合作，鼓励利用财政资金撬动社会资金，鼓励金融机构加大金融支持力度。实施相邻住户激励联动机制，实行差异化优惠政策，同时完成改造更新的住户越多越快，户均支持的优惠越多。

3. 完善绿色化改造标准体系和监管制度

完善改造更新标准，推进绿色化改造，放宽绿化、日照等指标限制，编制绿色化改造清单，支持节能化改造一步到位达到新建建筑标准，鼓励结构性能检测与加固、供热计量、雨水收集、加装电梯、外墙保温、可再生能源一体化、中水回收、停车场地等方面建设。大力推进建筑垃圾资源化利用，制定建筑垃圾资源化利用的技术规范，完善污染物控排标准和监管制度。优先支持原地复建，强化统筹老旧小区改造更新方案研究，释放新社区潜能，其中对改造价值不大的，应该原地复建，充分利用地下地上空间，进行建筑轻量化升级，增加建筑面积；对有条件的小区要留足空间以加装电梯。优化管理和监管流程，简化审批、投诉、监管程序。

4. 以智能化手段大幅提升绿色化改造质量

大幅提升建筑性能，在建造过程中突出体现安全、健康、适老等性能要求，通过智能化手段实现更舒适的办公和生活环境。运用智慧化建造方式实现建造过程的人、物等信息互联互通与信息共享，集成信息测绘、数字施工、标准化设计、工厂化生产、装配化施工、一体化装修、信息化管理和智能化应用，整合产业链的投融资、规划设计、生产运输、施工建造和运营管理等各环节，实现建造活动的节约、清洁、安全和高品质、高效率、高效益。

三 中国钢铁行业绿色设计政策

2013 年，工业和信息化部、国家发展改革委、环境保护部联合发布《关于开展工业产品生态设计的指导意见》，明确了中国工业产品生态设计的概念，指出生态设计是按照全生命周期的理念，在产品设计开发阶段系统考虑原材料选用、生产、销售、使用、回收、处理等各个环节对资源环境造成的影响，力求产品在全生命周期中最大限度降低资源消耗、尽可能少用或不用含有有毒有害物质的原材料，减少污染物产生和排放，从而实现环境保护的活动。在实践中，为了和绿色制造体系结合，通常称"生态设计"为"绿色设计"，在本研究中，对"生态设计"

"绿色设计""工业生态设计"概念不做严格区分，但核心内涵都与上述界定的"生态设计"相一致，以"产品"或"设施"为基础，向生产、消费和回收利用及处置环节延伸。例如，在本节中，为与现行说法保持一致，称"钢铁行业绿色设计"；下一节，针对垃圾焚烧设施，称"生态设计"。

（一）钢铁行业绿色低碳发展的意义

据统计，2019 年全年中国粗钢产量为 9.96 亿吨，占世界钢产量的 53.3%；生铁产量为 8.09 亿吨，占世界生铁产量的 64.2%。目前，中国钢铁行业碳排放贡献量约占全球钢铁行业碳排放总量的 60% 以上，占全国总碳排放量的 15% 左右，在国内所有工业行业中居首位。"十四五"期间，中国粗钢产量总体仍将处于高位，面临的减污降碳压力仍然巨大。另外，随着关税壁垒逐步降低，绿色贸易壁垒等非关税措施很可能成为制裁中国钢材产品出口的主要手段。在钢铁行业推行产品绿色设计，从源头上提升产品绿色水平，才有可能应对绿色贸易壁垒，对钢铁行业减污降碳和实现绿色贸易具有重要作用。

（二）钢铁行业绿色设计发展现状和总体评估

为解决钢铁行业产能过剩、污染严重、高碳排放等问题，国务院有关部门和地方政府出台了 30 余项有针对性的规划和产业政策，为钢铁行业实现绿色发展提供了重要的政策支撑。但当前针对钢铁行业的政策更侧重于能源高效利用、产业结构调整及关键技术的绿色化改造，缺乏从生命周期角度对钢铁产品进行绿色设计的整体考虑。各地政府对钢铁企业采取的则是以限制发展为主的政策，如钢铁企业搬迁出城的规划与政策。政府对钢铁行业的强力干预，虽然便于管理和对产品质量的把控，但不利于钢铁行业产品的差异化和企业独特优势的形成。

随着 2016 年《工业和信息化部办公厅关于开展绿色制造体系建设的通知》《绿色制造标准体系建设指南》等文件发布与实施，国家明确加快推进绿色设计产品等重点领域标准制定修订工作。据统计，钢铁行业已有 30 余项绿色设计产品行业标准正式立项并正在制定过程中，待上述标准发布后，钢铁行业绿色设计产品评价标准体系将逐步建立。

案例 1 包头钢铁绿色设计

包头钢铁（集团）有限责任公司（以下简称"包钢"）是中国千万吨级钢铁工业基地、世界最大的稀土工业基地。在绿色设计方面，包钢自主研究开发了集数据采集、运算分析、结果展示等功能于一体的钢铁产品生命周期评价在线系统。利用该系统，包钢进行了稀土、稀土钢等多个产品的全生命周期评价，并将评价结果应用于产品开发和工艺改进中。例如，通过评价发现，钢铁产品的成材率是影响环境负荷的最关键因素，现场生产时着重保证成材率，以实现能耗和环境污染物的最低排放。在此基础上，包钢牵头起草了稀土钢、铁精矿（露天开采）、烧结钕铁硼永磁材料等 3 项绿色设计产品评价标准，有 9 种产品被纳入工业和信息化部绿色设计产品名单。通过开展绿色设计实践，包钢实现吨钢耗电下降约 4%，吨钢耗新水下降约 19%，烟粉尘排放量降低约 14%，二氧化硫排放量降低约 74%，绿色产品销售创造直接经济效益 9600 余万元，有效提升了企业的绿色影响力及产品知名度，取得了良好的环境效益和经济效益。

资料来源：引自课题组 2021 年研究成果。

（三）中国钢铁行业绿色设计存在的问题

1. 绿色设计相关政策缺乏整体性设计，部门间协同性需进一步提升

中国尚未建立针对绿色设计的整体性顶层制度体系。例如，中国构建了环保、节能、节水等方面产品评价体系，这些产品评价体系在一定程度上存在交叉与重合。以卫生陶瓷为例，《绿色设计产品评价技术规范 卫生陶瓷》（T/CAGP 0010—2016，T/CAB 0010—2016）和《绿色产品评价 卫生陶瓷》（GB/T35603—2017）存在 80% 的高重合度，这种现象易导致社会对绿色化产品概念不清。

2. 钢铁行业绿色设计产品相关标准建立有待进一步推动

按照工业和信息化部提出的到 2020 年在重点行业出台 100 项绿色设计产品评价标准，在已出台的 129 项绿色设计产品评价标准中，钢铁行业仅有 9 项。从现有钢铁行业的标准体系来看，除了少数针对产品层面的评价技术规范，其他均为末端排放控制标准，源头替代、过程管控、资源能源消耗等方面均缺乏相应的技术指导和标准引导。工业和信息化部先后公布的绿色设计产品类别主要包括家用洗涤剂、厨房厨具用不锈钢、稀土钢等近百类，产品数量总计 2176 种。但截至目前，仅有 5 家钢铁企业、10 余种钢铁产品入选绿色设计产品名单，入围的钢铁企业数量在全行业具有冶炼能力的钢铁企业总量中占比不足 1%，入选的钢铁绿色产品在绿色设计产品名单总产品数量中占比不足 1%。

3. 协同推进绿色设计与低碳发展的指导方法尚未建立

安赛乐米塔尔、中国宝武、韩国浦项等诸多国际知名钢铁企业均已发布碳减排的时间表和路线图。而中国针对钢铁全行业低碳发展的政策体系、碳达峰碳中和方案路径、碳排放控制要求、标准等指导性文件尚处于缺失状态。

4. 钢铁行业绿色设计相关激励机制有待完善

开展生命周期评价较好的多为行业内实力雄厚的企业，主推力来自下游企业的采购准入要求，而政府对行业绿色转型的引导力度不足，尚未出台明确的激励办法，缺少实际、有效的激励措施，在产品设计、创新以及关键绿色产品技术突破方面不利于调动企业积极性，企业开展工作动力不足。

5. 生命周期评价理念的推广与应用力度有待加大

中国对生命周期评价（LCA）理念的宣贯力度不足，未形成社会辐射力。国内钢铁企业与下游用户普遍仍对全生命周期概念模糊不清或认识不足，参与 LCA 的积极性不高，只有少数技术实力雄厚的企业积极主动参与，又往往都是单打独斗，没有形成合力，互相之间缺乏交流沟通。

6. 人才培养机制及能力建设工作需进一步完善

在中国高质量发展、绿色发展以及"双碳"目标背景下，钢铁行业以低能耗、低排放、低污染为主要特征的绿色低碳发展已势在必行。但中国钢铁行业正面临人员结构臃肿、低端人才过剩、高端人才缺乏、劳动生产率低、产能利用率低、人才开发体系不健全等一系列问题，导致钢铁行业创新能力薄弱、科研产出不足、绿色化进展缓慢。

四 绿色电力市场改革

（一）中国绿色电力发展现状

绿色电力泛指可再生能源发电项目所产生的电力。截至2019年底，中国可再生能源发电装机达到7.94亿千瓦，同比增长9%，装机总量约占全部电力装机的39.5%，同比上升1.1个百分点。中国可再生能源利用水平也在不断提高。2019年，中国可再生能源发电量达2.04万亿千瓦时，同比增加约1761亿千瓦时；可再生能源发电量占全部发电量的比重为27.9%，同比上升1.2个百分点。预计"十四五"期间，风电新增装机为1.2亿~2亿千瓦，光伏新增装机为2亿~3亿千瓦；到"十四五"末，可再生能源发电量占全国总发电量的比重将超过1/3，接近40%。

中国的分布式发电近年发展很快，以企业和户用的分布式光伏为主，工业园区和农村集体等应用场景开发的分散式风电也初具规模。截至2019年底，中国分布式光伏发电累计并网容量6263万千瓦，占光伏发电总装机的31%。随着风电和光伏发电成本下降，分布式发电商业模式的创新和成熟，以及各地配套政策的陆续出台，中国分布式可再生能源发电市场将持续扩大。

2019年，中国包含水电在内的全部可再生能源电力实际消纳量为20141亿千瓦时，占全社会用电量的比重为27.9%，同比提高1.4个百分点；全国非水电可再生能源电力消纳量为

7388 亿千瓦时，占全社会用电量的比重为 10.2%，同比提高 1 个百分点。

（二）改革进展与挑战

目前，中国的企业主要通过三种途径消费绿电。第一种途径是企业自行或通过第三方开发商投资建设可再生能源发电项目。第二种途径是用电企业直接向发电企业采购绿色电力。第三种途径是用电企业采购绿色电力证书。

随着电力体制改革的重启，电力用户参与市场化交易的准入条件逐渐放宽。电力价格机制的转变、交易方式和品种的放开，也为电力用户参与市场化交易创造了条件。然而，中国的绿电市场仍处于建设初期，推进绿色电力消费必须进一步推进电力市场改革。与绿色电力消费相关的电力市场改革主要涉及两个层面：一是新能源发电政策和制度改革（包括上网价格形成机制、保障收购制度、绿色证书制度、市场化交易机制等）；二是电力市场整体改革，特别是电力用户侧各类用户参与电力市场准入和交易机制改革。现阶段的改革进展包括：一是绿色电力政策已从规定保价保量收购转向收购逐步市场化，二是电力市场改革已由制度设计阶段转向实施落地阶段，三是绿色电力交易已从电网间交易转向全面交易。

中国绿电市场仍在建立过程中，有限的采购途径和尚待明晰的交易机制是目前企业实现可再生能源消费目标的最大障碍。目前最成熟的路径是企业自行或通过第三方开发商投资建设可再生能源发电项目，但规模有限；最昂贵的路径是采购绿色电力证书，但价格趋于下降；最受关注的路径是通过购电协议（PPA）

市场化交易采购绿色电力，但目前市场准入门槛高，交易规则不清晰；最缺乏的路径是虚拟购电协议（VPPA），但有待于中国建成电力现货市场。

五　绿色产品认证政策

（一）绿色产品认证对促进绿色生产与消费的作用

建立统一的绿色产品标准、认证、标识体系，可以推动绿色低碳循环发展，培育绿色市场，加快供给侧结构性改革，提升绿色产品供给质量和效率，引导产业转型升级，提升制造业竞争力，引领绿色消费，保障和改善民生。在中国实现高质量发展和推动绿色发展的新阶段，绿色产品认证可以对促进绿色生产与消费发挥很好的促进作用。

1. 从消费端倒逼企业绿色创新和转型升级

绿色产品认证，例如，环境标志制度秉持产品全生命周期过程管理的理念，以产品为载体，一端连着生产者，通过产品的认证，在产品设计、原材料使用、生产工艺、产品使用和废弃物回收的全生命周期环节，提出绿色标准和要求，为市场提供绿色产品；另一端连着消费者，通过向消费者释放绿色标识产品的信息，促进消费者选择绿色产品，并倒推生产绿色转型，为供给侧结构性改革提供动力。以中国环境标志绿色产品认证为例，其获证企业在 2017~2019 年度产生的环境绩效如表 4-1 所示。

表 4-1 2017~2019 年度中国环境标志产品环境绩效

类别	污染因子	2017 年减排量	2018 年减排量	2019 年减排量
大气污染	VOCs	47.24 万吨	52.49 万吨	80.55 万吨
	NO_x	1.34 万吨	1.64 万吨	2.90 万吨
	SO_2	0.35 万吨	0.43 万吨	0.76 万吨
	CO_2	302.52 万吨	368.05 万吨	653.75 万吨
水污染	总磷	3780 吨	4574 吨	5297 吨
固废危废	塑料垃圾	6411 吨	7566 吨	5026.6 吨
	重金属汞	8.89 吨	11.00 吨	10.998 吨
节约能源	节电	102.19 亿千瓦时	172.60 亿千瓦时	194.03 亿千瓦时
节约资源	节水	6842.2 万吨	13140.8 万吨	25335.30 万吨
	节约塑料	0.993 万吨	1.136 万吨	0.952 万吨
	工业废渣	274.87 万吨	190.61 万吨	314.18 万吨
	减少纸浆消耗	141.74 万吨	132.29 万吨	149.04 万吨
	鼓粉盒/喷墨盒	2161.74 万只	2500.01 万只	221.77 万只

2. 促进政府、各行业企业和消费者之间的环境信息沟通

绿色产品认证与标识制度围绕国家生态文明建设和碳达峰碳中和总目标，充分利用绿色产品认证这一市场经济手段，倡导绿色消费，促进社会经济的可持续发展，改善环境质量，保护消费者权益，实现了运用市场机制介入微观环境治理的制度创新，为绿色消费政策提供技术支持。越来越多的消费者感受到绿色产品的环境优越性，主动选择购买绿色标识产品。反过来，公众的消费选择，使绿色标识产品成为联系公众与绿色发展的纽带，从而进一步推进绿色消费。绿色产品认证将充分发挥标准的指挥棒、

认证标识的公信力作用，成为推动企业打造绿色循环低碳发展模式的有力工具。

（二）绿色产品认证发展中存在的问题

近年来，中国政府对认证标识的发展及制度建设给予了高度的重视，各类认证标识的发展有效推动了绿色制造的进步，为构建高效、清洁、低碳循环的绿色制造体系发挥了积极作用。但随着相关实践的深入开展，绿色产品认证工作中存在的问题也逐渐凸显。

1. 缺乏顶层设计，政府监管职能不统一

绿色产品认证标识存在多种类型、多头管理、监管职能交叉、权责不一致的情况，不利于现有政策法律法规的调整。企业在认证评估过程中存在重复评价和检测的现象，增加了企业的负担。

2. 缺乏持续有效的激励手段

现阶段，认证标识方面的持续财政投入机制尚未明确，财政投入缺乏长久性和稳定性；市场以及产品评价方面也缺乏明确的税收、扶持、优惠等激励机制。

3. 法律法规和标准规范体系不完善

现有的指导绿色产品认证的政策规范主要有《国务院办公厅关于建立统一的绿色产品标准、认证、标识体系的意见》及《绿色产品评价通则》，由于该通则指导认证的时间相对较短，认证水平不高，管理经验不足。总体上，目前认证标识的法律法规和标准规范基本处于空缺状态，不能满足对有关技术和产品进行科学评价的需要。

4.认证有效性存在争议，认证评价体系有待完善

中国目前多种绿色产品认证制度并存，尚未形成统一的标识、标准和认证体系，针对统一的产品范围，未形成统一的标准和合格评定程序，企业对认证标识采信度不足，消费者辨识困难，市场认可度不高。

（三）案例分析：环境标志认证制度与共享出行

1.环境标志制度

目前，中国建立了环境标志、节能标志、绿色建筑标志、有机食品标志等制度。中国的环境标志制度创立于 1993 年，从 2006 年开始实施政府绿色采购。这些促进提供绿色生态产品与服务的重要制度对形成绿色消费与生产方式发挥了重要的引领作用。截至 2018 年底，中国环境标志认证涵盖 101 类产品，环境标志产品产值达到 4 万亿元。2017 年，中国政府采购的节能环保产品规模占同类产品采购规模的 91%。随着环境标志认证和节能节水认证产品品种增多与规模不断扩大，其资源节约和污染减排的双重效果逐步显现，2016 年环境标志认证和节能节水认证产品共节电约 190 亿千瓦时、减少二氧化碳排放 1230 万吨（见表 4-2）。从 2011 年开始，在环境标志认证制度的推动下，绿色印刷行业 VOCs 排放量每年减少 15%，设备能耗降低 15%；目前中国 13 亿册中小学教科书全部实现了绿色印刷。2016 年，中国政府采购的具有环境标志的电子类办公用品相当于减排了 19 万吨二氧化碳，节约电子废弃物处理费用 2.3 亿元。

表 4-2　2016 年环境标志认证和节能节水认证产品环境绩效

序号	类别	污染指标	2016 年减排量	
			环境标志认证	节能节水认证
1	大气污染	VOCs	89.01 万吨	—
		CO_2	580 万吨	650 万吨
		SO_2	0.7 万吨	1.4 万吨
		NO_x	2.6 万吨	1.4 万吨
		颗粒物	—	1.1 万吨
2	水污染	COD	3.7 万吨	—
		总磷	7.7660 万吨	—
3	固废危废	塑料垃圾	1.2267 万吨	—
4	节约能源	节电	89.81 亿千瓦时	100 亿千瓦时
5	节约资源	节水	4431 万吨	462.22 亿吨
		回收利用塑料	3 万吨	—
		工业废渣	2156.7 万吨	—
		减少纸浆消耗	253 万吨	—
		鼓粉盒/喷墨盒	2839 万只	—

注：以 2016 年获得认证/评价的产品销售情况估测。

2. 共享出行

共享出行作为居民交通领域绿色消费的重要形式和内容，推动了汽车资源利用高效化、公众出行方式绿色化、新能源汽车应用普及化以及城市交通运行智能化。根据测算，2017 年中国最大的共享出行平台滴滴平台的快车拼车和顺风车总里程为 177.5 亿公里，共服务 15.2 亿人次；快车拼车和顺风车平均载客 2.34~2.58 人，是私家车的 1.5 倍以上。滴滴平台上有 40 万辆新能源汽车，相当于全国的 20%、全球的 12.9%；滴滴信号灯服务超过 1300 个红绿灯，平均降低 10%~20% 拥堵时间，车辆速度提高 20%~30%。同时，共享出行的环境绩效明显，2017 年滴滴出行平台的减排效应突出，包括：CO_2 排放减少 150.7 万吨，相当于 80 万辆小汽车年均行驶 1 万公里的排放量，相当于 21 个奥林匹克森林公园或 2 个塞罕坝林场的年碳吸收量，按北京市碳交易市场的交易价格大致折算，相当于创造了 7500 万元的经济收益；CO、NO_x、PM10、PM2.5 排放分别减少 7130.1 吨、440.0 吨、40.2 吨、37.4 吨，NO_x、PM 减排量约相当于 110 万辆私家车 1 年的排放量。

六 数字化低碳生活方式平台

近年来，我国对低碳生活类项目（平台）进行了很多探索。如蚂蚁森林、碳普惠、零碳派、绿豆芽等多个项目在创新低碳生活引导机制方面取得了一定成效，其中，以企业主导的蚂蚁森林数字平台和以政府搭建的碳普惠平台为典型代表。

在全国范围内全面推广上述类似数字平台、引导公众践行低碳生活方式仍面临诸多的困难和挑战。一是缺乏专门政策支持，单纯依靠企业运营平台不可持续：目前，构建低碳生活引导机制的政策基础较为薄弱，政府的引领作用有待进一步加强；出于个人用户隐私保护的考虑和减排数据提供方数据安全性的考虑，现有的低碳生活类平台无法获取大批量的、有效的减排数据；企业参与碳中和的实际动力不足，平台在推广阶段难以吸引商业企业合作。二是核算标准不一，缺乏统一监管，各个平台对减排量可能进行了重复计算。各平台采用的个人自愿减碳行为的方法学算法迥异，碳减排量核算结果差异较大，极易引发用户对减排数据的严肃性、科学性、有效性的质疑；因缺乏全国性的统一监管，用户低碳行为产生的碳减排量可以被获得授权的平台重复计算。

案例 2 "低碳军运"项目

武汉市政府在 2019 年第七届世界军人运动会（以下简称"军运会"）上推出"低碳军运"项目。项目将市民个人绿色低碳行为的减排贡献进行量化汇总，以抵消军运会办赛过程中排放的二氧化碳。"低碳军运"小程序与武汉城市一卡通、哈啰出行、交通银行等平台实现了对接，通过读取用户的低碳行为、计算碳减排量，发放对应数量的碳积分。

"低碳军运"小程序于 2019 年 6 月 18 日正式上线，历经近半年的运营，创造了良好的社会效益和减排效益。①"低碳军运"小程序向用户颁发电子版"军运会碳中和荣誉证书"，提升了市民的"低碳荣誉感"；碳积分可用于在小程序中兑换军运会礼品等，提升了市民的"低碳积极性"；吸纳企业和商家进驻平台，帮助其树立绿色品牌形象。②"低碳军运"小程序上线共 201 天，总访问量达 2633712 次，授权用户达 80426 人，累计产生二氧化碳减排量达 170.25 吨。其中，绿色消费类低碳行为完成 215393 次，共产生二氧化碳减排量 47.21 吨。据测算，赛事期间，运动员乘坐大巴往返军运村及赛区产生的二氧化碳排放量预计为 80~100 吨，该中和目标顺利达成。

资料来源：引自课题组 2020 年研究成果。

案例 3 绿色金融助力绿色消费

绿色金融助力绿色消费通常包含两条路径：一是增强在绿色

消费领域金融资源的可获得性，帮助有绿色消费意愿的消费者获得金融资源支持，发挥金融在消费上的杠杆撬动作用；二是借助绿色金融工具降低绿色消费的成本，从而使绿色消费产品在价格上具有比较优势，促使社会资源更多地向绿色消费产业链流动，推动企业生产、提供绿色产品，实现经济绿色可持续发展。目前，中国已开始形成多层次的消费金融服务商体系，逐步形成了以商业银行、消费金融公司和互联网消费金融平台为主的消费金融服务商体系。根据《2019 年中国消费金融发展报告》统计，从 2014 年到 2018 年短短 5 年内，互联网消费金融贷款额从 0.02 万亿元扩张至 7.8 万亿元，增长 390 倍左右。

具体做法包括：兴业银行、马鞍山农商行开展的绿色建筑按揭贷款业务，中信银行开展的绿色汽车消费贷款业务，马鞍山农商行开展的绿色能效贷款业务，中国建设银行、兴业银行、中国光大银行、中国农业银行、平安银行等开展的绿色信用卡业务等。

资料来源：引自课题组 2020 年研究成果。

案例 4 沃尔玛"十亿吨减排项目"

沃尔玛于 2017 年在美国启动了"十亿吨减排项目"，这是一项旨在使供应商、非政府组织和其他利益相关方参与气候行动的重大举措。"十亿吨减排项目"的目标是：通过使供应商参与以下六个领域的目标设定和倡议活动，到 2030 年在全球价值链中减少 10 亿吨温室气体排放。这六个领域包括能源使用、可持续农业、废弃物、森林砍伐、包装和产品使用。"十亿吨减排项目"平台有多种系统工具，包括用于设置和报告目标的计算器、最佳实践研讨以及有助于项目进展的其他资源。

迄今为止，"十亿吨减排项目"是最大的私营企业气候行动项目之一。自启动以来，来自 50 个国家/地区的 2300 多家沃尔玛供应商签署了参与"十亿吨减排项目"的计划，据报告，累计减少的温室气体排放量超过 2.3 亿吨（根据沃尔玛的"十亿吨减排项目"方法计算）。

沃尔玛于 2018 年在中国启动了"十亿吨减排项目"，设定了到 2030 年实现 5000 万吨的子目标。到目前为止，供应商已经报告了超过 500 万吨的目标。这些供应商中包括美国 TCP 在中国的公司（China's Technical Consumer Products Inc.），它为中国和全球的沃尔玛商店提供灯泡。该公司通过产品创新实现其对"十亿吨减排项目"的承诺，TCP 在其上海工厂推出了新型节能灯泡，该灯泡目前在全球范围包括在中国的 400 多家沃尔玛商店中都有销售。由于这种新设计的灯泡比之前的灯泡能耗低 36%，仅从 2018 年的销售中节省下来的能源就足以满足 2768000 个中国家庭一年的用电需求。

此外，沃尔玛于 2016 年启动了工厂可持续发展计划，以支持供应商及其工厂合作伙伴改善生产实践，减少对环境的影响。到 2020 年，沃尔玛美国商店里所销售的服装和家居用品中，超过 65% 的商品来自与完成可持续服装联盟 Higg 指数设施环境模块（FEM）的工厂合作的供应商。

Higg FEM 是一种行业认可的工具，它使用跨功能方法，允许设施在内部工作以跟踪其环境影响、设置目标并改进总体环境绩效。在 2019 年完成 Higg FEM 并与沃尔玛分享结果的 334 家工厂中，超过 54% 的工厂位于中国。与 Higg 报告工厂直接相关的温室气体排放总量超过 470 万吨/年，其中超过 190 万吨/年来自中国。

资料来源：引自课题组 2020 年研究成果。

七　绿色物流

（一）现状与问题

截至 2018 年末，中国快递业务量达到 507.1 亿件，已超过美、日、欧等发达国家和地区总和。仅 2018 年快递物流业就消耗了 500 亿张快递运单、245 亿个塑料袋、57 亿个封套、143 亿个包装箱、53 亿条编织袋和 430 亿米胶带。快递废弃物的填埋和焚烧带来了近 14 亿元的管理成本。在特大城市中，快递包装垃圾增量已占到生活垃圾增量的 93%，部分大型城市也达到 85%~90%。此外，中国物流运输仍然以传统燃油车为主，近 2000 万辆物流车在消耗汽柴油的同时，也排放了大量的污染物，带来了巨大的资源负担和环境压力。

中国政府高度重视绿色物流的发展，2009 年国务院发布的《物流业调整和振兴规划》，提出要鼓励和支持物流业节能减排，发展绿色物流。之后，中国在国家、部委以及地方等层面，针对运输、存储、包装、流动加工、回收等各个环节均发布了相关的政策文件以倡导绿色物流发展。

通过对绿色物流相关政策研究分析发现，现有政策存在以下问题：①绿色物流立法滞后，现有环保或资源相关法律虽然对绿色物流加以规定，但由于绿色物流缺乏系统性专项规划，相关主体的职责、权利与义务责任不明，有效约束机制尚未建立；②绿色物流发展已被纳入国家战略层面，但发布的政策相对比较宏观，缺乏清晰明确的目标，配套政策也不完善；③绿色物流相关实践措施偏向于绿色包装、废弃物及旧产品回收，但国家实际性支持力度较小；④绿色物流政策主管单位分散，绿色物流政策后续评估不足，缺乏动态跟踪评价；⑤绿色物流试点成为推进物流绿色转型的重要抓手，可循环中转袋应用试点取得积极效果，绿色采购试点也在积极推进当中，但需要积极跟踪评估试点效果，扩大推广。

（二）中国绿色物流实践

目前，电商和物流公司都在积极推广云仓、智能分拣及路径规划、装箱算法、电子面单、环保袋、绿色包装箱（例如可再生纸应用、通过环境标志等认证的环保油墨印刷）、共享快递盒、新能源物流车、太阳能物流园、无油墨等，以期能够实现绿色物流，达到低碳减排的目的。通过梳理汇总 2013～2019 年京东物流、顺丰、苏宁、美团、菜鸟、申通、中通、圆通、百世快递（原百世汇通）以及韵达 10 家企业在绿色仓储、绿色运输与配送、绿色包装、绿色流通加工、废弃物及旧产品回收、绿色信息处理方面开展的工作，本研究分析得到如下几个结论。

第一，绿色物流重点措施从减少耗材和包装材料，逐步延伸到绿色包装、仓储、运输、回收利用、绿色信息处理等各个领域，尤其是 2016 年后相关做法呈现快速增加态势。绿色物流多措并举，仓储、运输与配送、包装及信息处理成为重点，废弃物及旧产品回收成为绿色物流行业发展新宠，但绿色流通加工领域尚存在不足。

第二，新技术的应用成为绿色物流发展的重要推手，也是电商物流企业追求绿色转型必不可少的措施。新技术在绿色储存、绿色运输、绿色包装和绿色回收方面都起到了关键促进作用。

第三，部分措施宣传作用强，落地比较困难，如绿色仓储需要大量的资金支持，新能源车和无人机面临成本、交通等方面问题，绿色包装成本高、普及难度大，绿色回收基础设施薄弱，严重依赖消费者和快递员，包装的总体回收率小于20%，快递末端仍是包装回收的薄弱环节。

第四，绿色物流措施缺乏科学评价。国家未建立相应的绿色物流评估指南，未建立绿色物流技术推广目录供所有物流企业或者商家参考。绿色物流供应链管理水平偏低，目前，绿色物流措施主要面向物流企业本身，面向商家、供应商及消费者的较少，消费者参与不足。

案例5 绿色包装

中国主要电商物流企业开展的绿色包装活动如下。

（1）包装的生态设计：2013年顺丰速运组建自主包装研发团队，2016年顺丰成立"顺丰科技包装实验室"；2016年京东与东港股份联合打造了京东包装实验室；2019年苏宁易购成立绿色包装实验室等；目的均为促进绿色包装发展。环境友好型设计，例如阿里菜鸟推出的可降解塑料袋，百世快递推出的生物基包装袋等；原材料减量化设计，例如京东降低包装箱重量，顺丰降低胶带厚度等；延长包装使用寿命设计，例如顺丰的丰BOX、京东的清流箱、苏宁的共享快递盒等。使用包装环保设计，在减少材料用量、降低成本的同时，也减少了垃圾的产生。

（2）包装使用过程绿色化：菜鸟打造了全球首个全品类"绿仓"，以循环箱形式配送至消费者手中，整个过程无须二次包装，实现了零胶带、零填充物和零新增纸箱。阿里通过消费者购买绿色包装产品获取蚂蚁森林绿色能量的方式，鼓励零售商使用绿色包装。京东"清流计划"推动运输包装箱的印刷简化，直发包装、周转箱的应用。美团成立餐饮行业首个外卖盒回收联盟，开展外卖餐盒回收工作等。

（3）包装回收后的再利用主要包含两类，第一类是面向物流企业内部的回收，不涉及消费者。第二类是面向消费者的回收，通过快递员上门回收、建立回收站点和建立回收箱三种模式进行。截至 2019 年 6 月，京东纸箱回收超过 540 万个，在阿里零售通的全国小店配送中直接回收再利用的旧纸箱达到 30%。

资料来源：引自课题组 2020 年研究成果。

案例 6　绿色运输与配送

根据《中国快递领域新能源汽车发展现状及趋势报告（2018）》，截至 2018 年 6 月，中国 31 个省区市快递领域共有 12988 辆新能源汽车投入运营，是 2016 年使用量的 4 倍。其中，82% 的为小微车型，84% 的通过租赁方式获得，在使用新能源汽车的城市分布上，深圳使用量最多，其次则是天津、北京和上海。目前，京东公司已经在北京市内实现将自有物流车辆 100% 替换为纯电动车，并计划五年内将京东体系内配送车辆全部替换为新能源车。在城市配送方面，现有的无人机和机器人配送也在逐步兴起，这一运送模式主要面向的也是网点—消费者这一路径，用于解决"最后一公里"配送难的问题。其中顺丰、菜鸟、京东、苏宁、中通、圆通等物流公司均采用了无人机配送方式。顺丰、菜鸟、京东、苏宁以及"四通一达"均建立了云平台，负责快递的配送调度业务。

资料来源：引自课题组 2020 年研究成果。

八　中国焚烧设施生态设计政策与标准

（一）生态设计对促进焚烧设施健康有序发展的意义

1. 焚烧设施建设发展的特点

生活垃圾焚烧处理已经成为中国今后垃圾处理的主流方式，未来 10 年中国生活垃圾焚烧设施建设进入高峰期，任务重、风险高。根据《"十三五"全国城镇生活垃圾无害化处理设施建设规划》，到 2020 年底，设市城市生活垃圾焚烧处理能力占无害化处理总能力的 50% 以上，其中东部地区达到 60% 以上。焚烧具有占地小、减量效果明显、生产电力、余热资源可利用等特点，是解决垃圾围城的重要手段，已逐步取代传统填埋成为无害化处理的主流。中国首家生活垃圾焚烧设施（珠海市城市固体废弃物处理中心）于 2000 年 7 月 18 日开始投产，其后生活垃圾焚烧设施每年新增数量逐年增长，2017 年达到峰值，当年新增生活垃圾焚烧设施数量为 76 座，此后呈现下降趋势。截至 2020 年底，中国共有生活垃圾焚烧设施 519 座，其中山东省已建生活垃圾焚烧设施数量最多，达到 66 座，建设 50 座以上的省份有浙江（52 座）、广东（51 座）、江苏（51 座），生活垃圾焚烧设施多分布于东部沿海地区。此外，据不完全统计，已有 18 个省区市发布了生活焚烧中长期专项规划，2021～2030 年全国拟新建 476 座（含新建和改扩建项目）生活垃圾焚烧设施，其中新增数量排名前三的省区依次为山东（54 座）、广西（49 座）、江西（35 座），内陆省区市生活垃圾焚烧设施数量逐步增长。

2. 中国焚烧设施建设面临的挑战和应对方法

（1）垃圾焚烧设施的"污名化"印象和"邻避"困境亟待破除

根据生态环境部舆情监测数据，2017～2020 年，全国范围内"邻避"设施的环境社会风险（因环境问题引发的社会风险）事件达 330 余起，其中大部分为垃圾焚烧项目。垃圾焚烧设施的"污名化"印象成为诱发"邻避"问题的重要因素，严重阻碍了公共基础设施的建设和可持续发展。垃圾焚烧设施的"污名化"及产生"邻避"冲突的主要原因有：一是早期部分项目在焚烧工艺、环境保护措施方面的设计不完善、标准不高，导致污染物无法连续稳定达标排放、臭气污染严重，群众对现有设施的生态环境绩效不满，引发其对新建设施的抵触；二是部分项目忽视工业建筑和生态景观融合的设计，在垃圾焚烧项目"污名化"印象还未根本改善的情况下，工业建筑和生态景观的割裂和反差容易加重周边公众心理的不安和排斥；三是部分垃圾焚烧设施不注重邻里关系，在科普宣传、惠民设施设计方面存在不足，在正面宣传、公众参与不足的情况下，不利于进一步增进公众对垃圾焚烧设施的认知。垃圾焚烧设施的"污名化"，往往导致其新建遭到周围居民的反对、陷入"一建就闹、一闹就停"的困境，不仅影响了重要公共基础设施的建设，还造成了诸多不良社会影响，影响社会稳定。

（2）现行垃圾焚烧设施整体环境表现良好，但尚未关注景观协调和人文和谐等要求

为了促进垃圾焚烧行业的环境治理和绿色发展，中国针对垃圾焚烧厂发布了若干标准规范性文件。这些规范性文件多侧重末端管控，其中环境治理的要求最全面，有关污染排放方面的标准要求最多，且很多已经接近国际标准，如废气产生后的收集和处理方式、渗滤液的排放达标率等。对国家焚烧厂监测数据公开平台①所有在运行的519座生活垃圾焚烧设施的环境表现数据进行分析的结果表明，几乎所有生活垃圾焚烧设施烟气排放浓度均能满足国家标准，大部分设施烟气排放浓度优于现有国家标准。根据《生活垃圾焚烧污染控制标准》（GB 18485-2014），2019年12月至2020年12月，5种烟气污染物共1961626次检测记录中有29次污染超标情况，达标率达到99.99%。根据《生活垃圾清洁焚烧指南》（RISN-TG022-2016）的排放水平等级划分，90%以上的二氧化硫、颗粒物、一氧化碳排放达到Ⅰ级基准值（国际清洁生产领先水平），90%以上的氮氧化物和氯化氢达到Ⅱ级基准值（国内清洁生产先进水平），整体环境表现良好。然而现有的垃圾焚烧设施仍然欠缺高水平的管控标准指导，此外当前规范性文件在公众关注的景观协调、人文和谐的设计方面仍有不足，需要进一步加强规范约束，进行案例总结和经验推广。

（3）应用生态设计的理念和方法，将垃圾焚烧设施升级为为公众提供良好人居环境产品的绿色设施

要破除"邻避"困境，首先应破除公众"污名化"印象，使

---

① https：//ljgk. envsc. cn/manage/index. html.

垃圾处理设施回归其"处置垃圾、还人们良好人居环境质量"的本来功能和使命。由于垃圾焚烧设施具有双重属性，一方面，垃圾焚烧设施作为焚烧处置垃圾的设施，是一种工业处理设施；另一方面，垃圾焚烧设施通过处理垃圾，实现垃圾的减量化，能够治理垃圾带来的土地占用、水污染、土壤污染和恶臭污染，为人们提供美好的环境，是一种绿色设施。将生态产品设计理念用于垃圾焚烧厂的设计、建设和运行，对推动垃圾焚烧绿色发展具有重要意义，既是理念创新，又是方法和工具的创新，必然为相关"邻避"问题防范带来政策和机制的变革。

（二）焚烧设施生态设计标准研究

1. 焚烧设施生态设计评价标准构建

本研究以现有相关评价指标和要求为基础，以现有焚烧设施发展水平为重要依据，以综合性、系统性为原则，建立符合产业发展需求的焚烧设施生态设计评价模型，旨在给出综合性评价指标和要求。最终生态设计评价指标体系包括"环境安全""生态和谐""社区友好""经济有效" 4 个方面 28 项指标（见表4-3），并初步形成"焚烧项目生态设计评价标准"文件和标准设置、发布建议。其中"环境安全"要求环境排放达到或优于国家或地方相关法律法规及标准的要求；"生态和谐"要求建筑、垃圾焚烧和污染物处理设备设施要深度融入自然生态景观和城镇人文景观，减少其在自然环境或群众居住区域中的突兀和不适感；"社区友好"应符合准入要求，并建设有宣传教育设施和惠民设施；"经济有效"要求能源资源投入以及投资运行成本合理。

表 4-3 焚烧设施生态设计评价标准

序号	一级指标	二级指标	三级指标
1	环境安全	设 施	专用设备
2			污染物处理设备设施
3		烟气排放	烟气排放
4			VOC 排放（可选指标）
5		污水处理	渗滤液排放
6			全厂污水排放
7		炉渣处理	炉渣热灼减率
8		飞灰处理	飞灰处置
9		环境噪声	厂界噪声
10		温室气体	温室气体排放（可选指标）
11	生态和谐	选 址	规划选址
12~15		建 筑	建筑用地集约
16			建筑景观和谐
17		绿 化	绿化率
18	社区友好	信息公开	环境信息公开
19		附属设施	宣传教育设施（可选指标）
20			惠民设施（可选指标）
21	经济有效	循环利用	炉渣综合利用率
22			余热利用率
23		资源节约	吨入厂垃圾耗电量
24			汽轮机汽耗率
25			单位发电水耗
26~27		投资费用	投资费用合理
28		运行费用	年运行小时数

2. 焚烧设施生态设计评价案例

研究团队以绿色动力集团的"惠州市惠阳区榄子垅综合处理项目"和光大环境集团的"常州市城市生活焚烧项目"为案例开展调研研究，并从"环境安全""生态和谐""社区友好""经济有效"4个方面进行生态设计评价，尝试打造焚烧设施的生态设计雏形。其中，绿色动力项目以产业循环为典型特征，该项目通过科学规划设计，将循环经济产业园内各项目所采用的工艺有机连接起来，构成相辅相成的工艺链，使园区形成一个资源循环再生利用的有机整体，真正实现节能减排，从而实现城市的绿色低碳可持续发展。光大环境集团项目以社区互动为典型特征，在景观设计、信息公开设计、惠民设施和措施设计方面均具有丰富的经验。分析结果表明，两个生活垃圾焚烧项目在污染排放、公众开放、便民设施等方面都表现优异，发挥了行业引领作用，但其经济成本均略高，在今后垃圾焚烧项目设计中应重点关注。

九　中国食物的绿色消费政策

食物的可持续消费越来越受到国际社会重视，食物损耗和浪费意味着食物生产时资源投入的无效消耗和温室气体的大量排放，同时废弃食物在不同的处理方式下会产生大量温室气体，如二氧化碳、甲烷和一氧化碳。如果将全球废弃食物看作一个国家，则这个国家将是第三大温室气体排放国。为此，从降低碳排放、保护生物多样性等角度出发，本研究分析了中国食品浪费问题，并提出应对措施建议。

本研究中食物的绿色消费，是指以节约资源和保护环境为特征的食物消费行为，主要表现为崇尚节俭，减少损失浪费，选择高效、环保的食品和服务，降低食物消费过程中的资源消耗和污染排放。

（一）食物供应链总体损失与浪费量大

中国作为农业大国，用全球 7% 的耕地养活了全球 22% 的人口，中国的主要食物，从生产到消费，每个阶段都存在不同程度的损耗和浪费。我国粮食在产后处理、加工、运输等方面缺乏专业的技术指导，工具设备简陋，加工处理粗疏，市场信息获取能力有限等问题造成供应链各环节上大量的食物损耗与浪费。根据 2016 年国家粮食局抽样调查结果，从田间到餐桌每年粮食损失数量约为 1350 亿斤，占当年粮食总产量的 10.9%。其中，仅农户储粮环节，每年粮食损失量就达 400 亿斤，占储粮量的 8% 左右，相当于 6160 万亩良田粮食产量。出于专业化程度低、果蔬加工转化率不高、冷链物流发展滞后等原因，中国水果物流阶段的平均损耗率为 20%~30%，蔬菜损耗率接近 30%~40%，每年约有超过 1 亿吨果蔬农产品腐烂损失，造成经济损失高达 1000 亿元[①]。

（二）消费端是食物浪费的重要环节

据估计，约有 35% 的食物损耗和浪费发生在消费端。在中国整个粮食供应链中，消费端为粮食损失占比最大的环节，尤其是近年来，由于生活水平的提高，居民在外就餐消费频次逐渐增多，餐桌上铺张浪费之风严重，据《2018 年中国城市餐饮食物浪费报告》，中国在 2013~2015 年，每年餐桌上的浪费量仍高达 1700 万~1800 万吨，相当于 3000 万~5000 万人一年的口粮。

---

① 毕金峰等：《果蔬粉：农产品加工业的新宠》，《农产品加工》2023 年第 6 期。

2016 年，中国的餐厨垃圾产生量在 9700 万吨左右，其中主要城市餐厨垃圾产生量达 6000 多万吨。餐厨垃圾产生量在城市生活垃圾产生量中的占比为 37%~62%。而在 2018 年，全国餐厨垃圾产生量超过 1 亿吨，达到 10800 万吨，日均近 30 万吨。

（三）食物损耗与浪费造成巨大的经济损失

一方面，消费端食物浪费给食物消费者本身带来了经济损失。例如，2010 年芬兰家庭食物浪费的经济价值相当于每人每年损失 70 欧元。另一方面，食物浪费给社会也带来一定的损失。根据意大利一家零售商店的食物浪费记录，这家商店 2015 年产生的食物浪费量为 70.6 吨，浪费的食物主要为面包和新鲜的蔬菜、水果，总价值近 17 万欧元。了解食物浪费的经济成本可能会促进消费者改善其消费行为，减少食物浪费而节省的资金被视为预防消费者食物浪费行为的驱动因素。

从全球范围来看，2015 年，联合国粮食及农业组织（FAO）提出，以 2012 年全球损耗和浪费的食物计算，其经济价值达到 9360 亿美元，相当于荷兰一年国民生产总值，减少食物损耗和浪费的实践对于经济发展具有积极影响。餐饮行业减少食物浪费的平均收益和成本比例可达 7：1。澳大利亚有研究表明，在非政府组织开展的减少食物损耗和浪费的活动中，每投入 1 美元可使价值 5.71 美元的食物免于浪费。

（四）食物浪费造成一定的环境代价

中国健康和营养调查（CHNS）数据研究表明，中国家庭食物浪费对气候、水和土地资源造成负面影响，2011 年中国家庭人均每年浪费 16 千克食物，相当于 40 千克二氧化碳的排放量、18 立方米水的额外损耗。王晓、齐晔对食物的温室气体排放特征进行了分析，并对 1996 年、2000 年、2005 年和 2010 年食物的全生命周期碳排放进行了估算，得出中国的食物全生命周期碳排放为 16.05 亿吨二氧化碳当量/年。① 假设，中国即使只有 1/5 的食物损耗和浪费（而非 FAO 提出的全球平均水平 1/3），那么碳排放也将达到 3 亿多吨，数量巨大，不容忽视。此外，中国的厨余垃圾产量大。国内学者通过对 2015 年中国 9 个省区市 7 年家庭食物垃圾的研究发现：1 千克厨余垃圾在完全发酵的状况下产生 0.34 千克甲烷，在标准状态（0℃、$1.013×10^5$Pa）下，甲烷的理论产气量为 $0.44m^2/kg$。如果这 9 个省区市 7 年中的食物浪费被填埋发酵，则相当于造成 1900 万吨二氧化碳排放，若这些食物被完全资源化利用，可节约标准煤 845 万吨。

案例 7 可持续的食物供应链与消费体系

2017 年，联合国环境署、中国连锁经营协会共同发布的《中国可持续消费研究报告》显示，中国超过七成的消费者已具备一定程度的可持续消费意识，约一半消费者愿为可持续产品支付不超过 10% 的溢价。然而可持续消费品牌的缺失制约着可持续消费的进一步发展。2018 年，世界自然基金会（WWF）在可持续水产品领域发布了《海鲜消费指南》，通过对于海鲜产品的可持续性评定，为公众提供了绿色消费选择的可操作、可参考的工具。

① 王晓、齐晔：《食物全生命周期温室气体排放特征分析》，《中国人口·资源与环境》2013 年第 7 期。

据统计，世界 54% 的食物浪费发生在"上游"，即生产、收获后处理和储存环节，其余 46% 发生在"下游"，即加工、流通和消费阶段。WWF 也在酒店行业和冷链物流行业分别推广了行业倡议和试点，2018 年，在长兴县开展了 5 家星级酒店的试点，同期推介了酒店后厨食物浪费减少工具。2019 年，WWF 和中国物流与采购联合会冷链物流专业委员会正式发起"中国可持续水产冷链倡议"，呼吁冷链企业减少资源浪费，减少运输环节温室气体排放，共同减缓全球变暖。

在全球领域，WWF 致力于推动可持续的食物生产、加工和流通体系，倡导推广可持续食物消费理念、推进可持续食物消费实践，从而提高效率和生产力，同时减少浪费、改变消费模式，确保人类获得充足食物和营养时亦能全力维持和保护我们的自然资源。并在以下三个目标下开展食物领域的工作。

①2030 年，实现 50% 农业和水产养殖业的可持续管理，所有食品生产用地不以牺牲自然栖息地为代价。

②全球人均粮食浪费量减半并减少食物收获后损失。

③50% 的粮食消费符合联合国卫生组织、联合国粮食及农业组织在目标国家的饮食准则。

2015 年欧洲七国签署了《阿姆斯特丹宣言》，承诺支持私营部门采取的抵制供应链中森林砍伐活动的举措；在欧洲，74% 因为食物制作需求而进口的棕榈油满足可持续棕榈油圆桌倡议组织（RSPO）可持续认证标准。

中国在可持续供应链领域也开展了一系列行业行动，包括2017 年 WWF、中国肉类协会与 64 家企业共同发布的《中国肉类可持续发展宣言》，旨在打造可持续的肉类产业和企业供应链，其宣言八项承诺包含零毁林、提高效率等各方面。2018 年，WWF、中国食品土畜进出口商会和 RSPO 共同发起中国可持续棕榈油倡议，推进可持续棕榈油成为中国市场的主流商品等。

资料来源：引自课题组 2020 年研究成果。

第五章

绿色消费的国际经验

一　可持续消费和生产

本章总结了过去可持续消费和生产（SCP）的演变过程，并概述了国际可持续消费和生产的发展现状，解释了可持续消费的国家战略和主要措施，重点研究了德国、瑞典、日本及欧盟的案例，并为中国促进可持续生产和消费提出政策建议。

各国为控制经济发展所造成影响而采用的战略，已经从解决末端问题过渡到采用更广泛的系统性举措（例如，构建可以影响经济体系的社会规范和价值观）。早期，人们关注的主要是在受影响地区进行污染控制，提升产业技术（生态）效率。如今，各国更加关注自足（sufficiency）理念，更强调采用全系统方法，更注重解决无穷经济增长与消费主义背后的驱动因素。

在 1972 年斯德哥尔摩联合国人类环境大会上，工业化对城市和社区的影响，诸如空气和水污染，废物管理不善等被认为是各自孤立的问题，需要通过具体的应对政策来解决。

20世纪80年代，全球出现了以清洁生产为导向的预防性措施来减少工厂和制造过程中产生的污染。各国主要政策旨在通过预防性的措施和其他政策工具来提高自然资源的利用率，减少垃圾的产生和降低污染物的排放，以及生产过程中的健康风险。

后来，物质循环和供应链的利用效率与绿色化得到广泛关注，各国开始研究技术解决方案。联合国首次使用"不可持续的生产和消费模式"一词。过度消费和相关的废物问题也成为焦点，与之相关的还有减贫和解决自然资源获取与决策权不平等的问题。

政府可将工作重点放在促使社会朝着更可持续消费的模式发展，实现价值观、社会规范和原则的根本性改变；促进结构变化来减少经济发展带来的能源和物质消耗，以使人类在地球承载的范围内更好地生活。

（一）可持续消费和生产的国际发展进程

当前的国际框架强调了可持续生产和人们行为的改变。例如，《21世纪议程》呼吁制定新的财富和繁荣概念，通过改变生活方式提高生活水平，减少对地球有限资源的依赖，更加符合地球的承载能力。2015年签署《巴黎协定》的各国达成气候变化共识，指出需要可持续的生活方式、可持续的生计方式和有气候韧性的社区。联合国可持续发展目标（SDGs）包括一系列子目标，特别是可持续发展目标12专注于可持续消费和生产。可持续发展目标的成败取决于人类是否可以成功改变自身行为来应对不可持续性带来的风险。

"可持续消费和生产模式十年方案框架"（10YFP，2012）制定了许多推动方案落实的机制，包括消费者信息、可持续生活方式和教育、可持续公共采购、可持续建筑和建设、可持续旅游、可持续食品体系等。该方案未从个人层面的生产和消费体系及供应链入手，而是着眼于通过系统性的举措（食品体系）来解决驱动因素的影响（生活方式），并整合主要利益相关方的力量（政府、企业等）。

2016 年 6 月，欧洲各国通过了自愿性的《绿色经济泛欧战略框架》，以使其绿色经济战略与可持续发展目标保持一致。9 个重点领域中有 3 个与消费直接相关：消费者行为转向可持续消费模式、促进绿色和公平贸易、在开发人力资本的同时创造更多绿色和体面的工作。同样，《亚太可持续消费和生产路线图（2017-2018 年）》也强调了可持续的生活方式和教育的重要性。

（二）行动的紧迫性

2020 年是联合国"可持续消费和生产模式十年方案框架"（又称"一个星球网络"）制定十周年，传播其核心主张恰逢其时，我们当前不可持续的消费模式和生产模式是环境恶化的主要原因。"一个星球网络"是一个多方利益合作关系，旨在完成该计划预定的承诺，它主要涉及 6 个主要领域：可持续公共采购、可持续旅游、消费者信息、可持续建筑和建设、可持续食物体系、可持续生活方式和教育。其中许多领域与 17 项可持续发展目标紧密相关，特别是可持续发展目标第 12 项（SDG 12）：负责任的消费和生产。

过去，在解决可持续方面的问题时，我们往往没有全面地审查其涉及的一系列消费和生产过程或者厘清其价值链。只要再循环材料的市场一天不出现，任何再循环方面的激励举措都只会发挥有限作用。只要还没有使用清洁能源、再循环材料和可持续性资源来生产产品，污染问题就会继续存在。当前，我们需要的是全生命周期的方法，即将材料和能源投入的可持续性，生产工艺、产品设计、产品使用以及产品零部件的可复用性和可循环性都考虑在内的一整套方法。从系统的角度来看，需要采取对环境和社会影响较小的创新商业模式来缓解对商品和服务日益增长的需求。

此外，我们还要激励消费者以更可持续的方法去消费，让消费者减少浪费，同时更多地关注产品质量及其购买行为带来的社会和环境影响。而这从另一角度也对产品开发提出了要求，即要为消费者提供合适的产品选择和相关信息，以便他们能够选择可持续产品。瑞典战略环境研究基金会（MISTRA）可持续消费研究项目的研究结果显示，如消费转向更具可持续性的产品和服务，温室气体减排可以达到40%，例如，从肉食到素食的转变，或从购置新家具到购置二手家具的转变。虽然向可持续消费的转型需要对新基础设施和深度可持续产品开发的投资，但是该项目的研究结果表明这一转型可以带来立竿见影的重大影响。

过去几十年来，绝大多数国家将主要目标确立为通过工业生产和消费促进经济增长，而很少关注这种经济增长模式给环境和社会带来的负面影响。虽然我们在再循环纸、玻璃和金属的推广，汽车尾气排放标准和食物安全标准等领域取得了一定进展，但现实是逐渐增长的消费所导致的包装类、产品类、纺织类和食物类垃圾越来越多。即使在一些方面我们已经取得了进展，但是仍然有许多问题需要解决，例如，许多产品和材料并没有实现循环使用。交通运输仍然是温室气体排放的主要来源之一，食物安全也面临着气候变化、塑料污染和农药过度使用带来的新风险。

绿色转型需要将可持续性概念融入商业、金融、政府和社会中。对可持续性性别维度的敏感性也同样重要，因为男性和女性并不总会有同样的偏好和机遇。

德国、瑞典、日本以及欧盟对糟糕的全球环境日益担忧，开始越来越多地关注绿色转型。它们正在制定绿色转型的愿景和路径，要求可持续性贯穿运行的各个层面，同时推出了大量新的监管和市场化政策、措施以及教育活动。越来越多的研究和实践提供了如何实现基础系统变革的思路。

二　绿色消费政策类型

政府在推动形成可持续生产和消费方面发挥着重要作用，通过确立可持续社会的愿景和指南，设立激励机制和管理措施来推动家庭和组织的消费行为改变。这些政策可分为四种类型：一是将绿色消费纳入总体发展战略，二是制定专项的战略或行动计划，三是将绿色消费纳入部门政策、专题战略或计划，四是作为公共机构或组织授权的一部分。具体实践中也可将上述其中两个类型结合使用。

将绿色消费纳入总体发展战略的做法，具体包括：将可持续消费纳入国家愿景文件、国家（可持续）发展战略、国家绿色增长或绿色经济战略以及国家可持续发展目标实施计划。《欧盟循环经济战略》及其行动计划是一个典型案例，展示了如何在可持续发展战略中反映可持续消费。日本的《循环型社会形成推进基本法》，加强和巩固了其可持续消费和更广泛的可持续发展行动计划。瑞典一项重要的战略选择是把可持续消费纳入实现环保目标的总体框架，这一框架用来指导瑞典保护环境的总体工作。德国《国家可持续发展战略》已经对标联合国 2030 年可持续发展议程，以便支持实现 17 个可持续发展目标。

这一做法的优点是，用更广泛的发展观念来引导消费者的消费行为。生活方式和消费涉及各种软的（如教育、健康）、硬的（如工业和基础设施）问题，需要有条理和共同的方法，这常常也是国家总体战略的要求。当然，这一做法也存在重点缺失的风险。如果在优先领域里绿色消费要与其他议题进行资源和政治关注方面的竞争，它常常要从属于更近期、更具政治关注度的议题。这将推迟解决日益严重的消费主义或不平等问题，并可能导致不可持续消费问题根深蒂固，使其在最后引发关注时更难解决。需求端方法还可能会失去解决不可持续做法的机会，包括减少有害消费的问题解决方案。

欧盟与可持续生产和消费高度相关的法律框架和政策工具都转换成了国家层面的法律框架和政策工具，欧盟大多数成员国都是这样。在欧盟共同的可持续生产和消费政策议程外，各国还执行额外的国家行动计划促进转向可持续消费。瑞典在宏观（行业）和微观（产品供需）层面实现主要环境质量目标的政府政策工具和措施包括碳税和补贴，航空税，新车奖惩制度，电动车补贴，太阳能补贴，投资支出计划或项目（气候步伐、工业进步和循环经济中的废弃物预防）——自行车、鞋、皮革制品、衣服和家用亚麻布维修减少增值税，白色家电（冰箱和洗衣机等）维修减税，以及"塑料可持续使用"财政支持计划。

《瑞典国家可持续消费战略》和《德国可持续消费国家计划》是国家可持续消费专项战略的两个独特例子。这两个国家也牵头执行联合国"可持续消费和生产模式十年方案框架"六大计划中的两项。瑞典与日本负责开展可持续生活方式和教育计划；德国、印度尼西亚和国际消费者协会（CI）负责开展消费者信息项目。

最广泛采用的方法是把可持续消费纳入部门政策、专项战略或计划。可持续消费与能源、水资源、交通、健康、住房和基础设施等行业政策密切相关。一个例子是《瑞典可持续食品国家战略和行动计划》。某些公众推动的或受到公众影响的解决社会问题的计划或项目，同时结合了可持续消费，这样的例子包括国家扶贫计划或战略，以及公共健康和减少肥胖国家计划。

虽非政府官方发布的政策，日本科学委员会业已制定《健康低碳生活方式、城市和建筑路线图》。为应对日本超老龄社会问题，该路线图旨在确保日本公民的高质量生活。它聚焦城市基础设施建设和建筑，确保它们适合相应族群，并产生低碳足迹和高环境绩效。政策建议分为以下四部分：加大对新的、健康的、低碳的生活方式的需求，促进相应行为变化；为成熟的社会设计健康的低碳城市和交通体系；加速建设低碳住房和建筑，加速采取健康措施等；在亚洲推广应用低碳城市、建筑和交通系统。

这些部门或专题计划面临时间限制的风险，在政府发生变化后，它们可能会失效。因此，不仅要在制定这些计划或项目的政府领导人任期内保持政府计划或重点项目的有效运行，还应该让有关方法形成制度，以实现长期稳定性。

在消费者组织兴起，特别是欧洲和北美消费者组织兴起的同时，公众越来越关注消费者的权益。比利时的 Test Achats、英国的 Which?、荷兰的 Consumentenbond、德国的 Stiftung Warentest、瑞典的 Sveriges Konsumenter 和日本的消费者合作社等组织就是转型过程中消费者组织的例子，在进行产品检验和确保生产者责任时，它们关注的重点从产品价格、质量和尊重消费者权利转向包括负责任的消费/可持续消费在内的更广泛的授权。

三　绿色消费的国家战略

工业化国家一直重视消费者保护、消费者权利、消费者安全和消费者信息，近期更关注消费者行为的可持续性。据统计，这些国家超过 50% 的环境影响（包括温室气体排放、污染、噪声和生物多样性损失）都与现有的国内消费选择和实践做法密切相关。然而，解决消费影响的政治措施大多只重点关注产业领域，没有考虑需求端行为的环境和驱动力。

（一）德国

1. 国家战略

2016 年 2 月，在国际社会批准联合国可持续发展目标不久，德国成为第一个执行可持续消费国家专项计划的国家。德国环境部在一个正式的跨部门可持续消费工作组框架内经过磋商，制定了这项战略。这个跨部门可持续消费工作组是由联邦环境、自然保护和核安全部部长，司法和消费者保护部部长，以及食品和农业部部长组成的，也反映了跨部门方法和可持续消费的横跨性质。

德国这项战略概述了 5 项基本原则：促进可持续消费（加强消费者决策和行动的能力）；将可持续消费主流化（通过建立受保护的空间和推动新的行动计划，鼓励使用特定技术或促进可持续消费行为）；确保包括所有人（针对具体目标人群的方法）；从生命周期角度考虑产品和服务；把重点从产品转向制度，从消费者转向用户。

该战略概述了 6 个实施领域（食品消费、住房和家庭、流动性、服装、工作和办公、休闲和旅游业）的相关行动。该计划基于 5 个关键思想：①使可持续消费成为消费者的可行选择；②使可持续消费成为社会主流；③确保所有人都可参与可持续消费；④从生命周期的角度审视产品和服务；⑤将重点从产品转移到系统，从消费者转移到用户。《德国可持续消费国家计划》是在三个联邦部（联邦环境、自然保护和核安全部，司法和消费者保护部，食品和农业部）的共同领导下制定的，并在所有部之间进行协调，因为可持续消费和生产是跨领域的议题，需要跨部门联网和实施。该国家战略计划是"德国推动经济和社会可持续发展的必要结构变革的一种方式"。

该战略包括 170 多项措施，它们包括上述 6 个领域内"硬的"政策工具，以及"软的"跨领域政策工具。

为执行《德国可持续消费国家计划》，德国联邦环境局成立了"可持续消费国家执行力中心"。三个联邦部（联邦环境、自然保护和核安全部，司法和消费者保护部以及食品和农业部）牵头领导，负责组织《德国可持续消费国家计划》的执行，并且确保有关利益相关方参与可持续消费国家网络。该中心还建立了可靠的可持续消费的知识库，并且向公众提供信息，组织召开研讨会和会议。

《德国可持续消费国家计划》将建立一个公共平台，目的是推广已经证明成功的政策工具和方法，并研究新的政策工具。这将确保持续地评估可持续消费领域的多种方法，并且还鼓励尽可能多的单位和个人参与。只有社会各界都积极参与，并且以综合方式采取一系列政策方法，这样才能实现更高程度的可持续消费。

德国定期监督检查可持续消费国家计划的实施情况。紧扣联合国可持续发展目标第 12 项的要求，德国可持续发展战略制定了与消费有关的指标和目标，包括可持续产品（食品、纸张、纺织品、汽车和家用电器等）的市场份额在 2030 年达到 34%，人均消费的温室气体排放量要继续减少，政府用车每公里温室气体排放量也继续减少等。

多年来，德国和中国在环境标识工作方面已经展开了合作并将继续推动环境标识的发展与应用。德国联合实施 10YFP 消费者信息计划项目也反映出其在该领域的长期领导地位。德国的蓝色天使环境标识（Blue Angel）是世界上第一个由德国联邦政府推出的环境标识，距今已有 40 多年的历史。该环境标识明确了符合认证的环境友好型的产品和服务。根据德国在该领域的领导地位，德国提出了可持续性标准比较工具（SSCT），以对自愿性可持续性标准进行基准测试。例如，环境标识评测网站（www. siegelklarheit. de）及相应的移动端应用程序，可供消费者比较 129 种标识体系。随着消费者、公共采购者和从业者对可持续消费的认识不断提高，德国的 SSCT 等在线系统对中国的环境标识推广具有借鉴意义。

2. 应对新冠疫情的复苏和绿色转型战略

德国联邦环境、自然保护和核安全部在国际气候倡议下制订了新冠肺炎疫情应对计划。该计划共有 6800 万欧元的预算，主要支持国际气候倡议伙伴国应对新冠肺炎疫情，旨在稳固现有社会结构，推动加速经济转型，重点关注减缓气候变化和保护生物多样性，预防未来流行病的发生。为提速增效，这一快速通道程序进行了简化，重点任务包括：采取紧急措施防止自然保护区和生物多样性热点区因旅游资金减少而遭受日趋增多的偷猎和滥砍滥伐；为面临严重风险的本土人口提供帮助；为 12 个伙伴国的经济顾问提供资金，从而支持财政部门设计气候友好型经济刺激计划；资助对就业有特殊影响、对能效有长期影响、促进可再生能源利用、推动城市发展和可持续投资的国际气候倡议项目；支持新型全球生物多样性框架和生物多样性融资倡议的设计和实施，填补有效实施伙伴国生物多样性战略所需的实际成本方面的知识缺口。

2020 年 6 月，为促需求、保就业，同时以对气候更友好的方式推动经济走出危机，德国推出了一揽子经济刺激计划。为开展经济刺激计划的后续工作，2020 年 12 月，德国联邦内阁通过了《德国恢复和复原计划》。

《德国恢复和复原计划》的发布是德国从欧盟抗击新冠肺炎疫情复苏计划"下一代欧盟"中获取资金的前提条件之一。《德国恢复和复原计划》明确了六大重点领域：①气候变化（瞄准 2050 年德国碳中和目标）；②经济和基础设施的数字化转型；

③教育数字化；④提高社会参与度（例如，介绍退休计划的数字门户，托儿所）；⑤加强疫情防控的医疗体系建设；⑥行政现代化和消除投资壁垒。

3. 性别平等

在德国，委员会中的性别平等日益成为一个重要话题。德国可持续发展委员会是负责可持续消费和资源管理的政府咨询机构，2020 年该委员会的女性成员占多数（9 名妇女，5 名男性）。《德国可持续消费国家计划》没有明确提出性别平等问题，但它是该计划的组成部分，同时国内也在开展相关研究。

性别平等不仅被写进德国的《基本法》，而且在 1999 年 6 月 23 日被一项内阁决议确立为德国联邦政府行动的通用指导原则之一。自 2000 年以来，性别平等还被载入德国《联邦行政程序法》。当时，德国决定通过性别主流化来推动性别平等。性别主流化作为性别平等的法律依据被写入德国《联邦一般平等待遇法》。不过，对这些原则的一致性应用及其与政策措施的统筹考虑在当今仍然是一项政策挑战。同样，气候政策也日益受制于司法要求。

用于保障和推动性别平等的政策措施绝大多数存在于这些领域：待遇平等、工作无歧视、平等晋升机会等。2021 年 1 月通过的新法规定，如上市企业董事会成员在 4 人及以上，至少要有一位女性执行董事。2016 年通过的另一项法律则规定，女性在上市企业监事会成员中的比例应至少为 30%，国有企业的这一比例则应达到 50% 以上。

虽然在可持续性问题上的态度、消费习惯、饮食习惯等都存在现实的差异，但是环境政策往往没有解决性别平等的问题。不过，可持续消费和生产领域的工具一般并没有对某些社会特殊群体进行区分（也没有进行老幼、男女、贫富区别）。似乎区分很难做到（与歧视无关）。这就是为什么到目前为止性别因素一直没有在可持续消费和生产政策中发挥重大作用。不过，这种状况可能会改变。

4. 在重点领域的行动计划

（1）德国：《气候保护法》

德国在 2019 年颁布的《气候保护法》规定，到 2030 年减排量至少要达到 55%（相较于 1990 年的水平，下同），能源、工业、交通、建筑、农业、废弃物行业每年设立排放目标，到 2050 年实现气候中和。政府运行和投资则需要到 2030 年实现气候中和。然而，2021 年 5 月，德国联邦宪法事务法院颁布规定，要求联邦政府提高未来几年的温室气体减排目标，以便更均匀地将减排负担分摊到几代人身上。法院给出相关解释，政府为 2030 年设定的 55% 减排目标意味着需要在仅仅 20 年（2030~2050 年）内完成碳中和排放目标所需的其他剩余减排量（进一步减少 45% 的温室气体排放量）。法院认定这对年轻一代和后代是不公平的。作为回应，联邦政府于 2021 年 6 月修订了《气候保护法》，将 2030 年的二氧化碳减排目标提高到 65%，设定了 2040 年减排 88% 的目标，将实现碳中和的日期提前到 2045 年，后续的目标是实现负排放。

德国出台了一系列政策和计划来鼓励工业、能源生产者等推动可持续发展。建筑能效标准变得更加严格，过度消费和浪费成为被打击目标，循环再利用的力度进一步加大，数字化被用于提高流程效率和资源利用率，新的交通运输方式也处于不断探索之中。气候政策和能源转型举措聚焦于创新型能源系统，例如，氢能技术、气候友好型基础设施、气候友好型建设。电动交通获得越来越多的政治支持，交通行业可持续发展获得大量资金支持。气候友好型建设旨在增加木材作为建筑材料的利用度，同时在木材建筑领域打造创新集群。为到 2030 年将建筑业温室气体排放量减少到 7000 万吨二氧化碳当量，同时到 2030 年实现本国和欧洲能源气候目标，对建筑改造进行财政投资以及转向可再生能源进行发热是很关键的举措。

德国《气候保护法》为各行业（例如：能源、建筑、交通和环保）确立了减排目标，在 2021 年法案进行修正后，这些领域的减排工作更加被重视。为推动气候目标的实现，德国在 2021 年初推出了全国住房和交通部门化石燃料燃烧排污权交易制度。过去，温室气体排放许可证的价格是固定的，不过以后每年都会上调。起始价格是 2021 年的每吨二氧化碳 25 欧元，2022 年将上涨至每吨二氧化碳 30 欧元，2023 年将达到每吨二氧化碳 35 欧元，最后在 2050 年实现每吨二氧化碳 35 欧元。此举也将对家庭能源消费产生直接影响。

（2）电动出行

德国是欧洲最大的客车生产基地，汽车产业也是德国经济极其重要的组成部分。尽管德国政府过去设定了自主减排目标（例如，到 2030 年投入使用 100 万辆电动汽车），但是德国汽车生产商在电动出行领域仍然进展缓慢，相关目标没有实现。德国汽车产业在实现温室气体减排目标上的缓慢进展受到越来越多的关注，该产业对环境和气候有重大的影响，同时还面临着与日俱增的国际竞争。在此背景下，德国联邦政府开始通过更加强有力的干预来推动电动出行。德国联邦政府在 2011 年出台了《国家电动交通工具发展计划》，在 2016 年推出了包括临时采购激励（针对混合/非混合动力电动汽车的环保补贴）在内的一揽子市场刺激计划，同时公布了关于加强充电设施建设、公务人员购置电动汽车的方案。

为加速转向零排放汽车的使用，德国设置了新的目标。到 2030 年，预计有 700 万~1000 万辆电动汽车投放到市场，100 万个充电桩投入使用。《德国恢复和复原计划》旨在提高对电动汽车的环保补贴。德国联邦政府将电动汽车补贴提高了 1 倍，时间截止到 2021 年底，即所谓的"创新补贴"，是对 2016 年启动市场激励计划（预计延续至 2025 年底）以来推出的环保补贴的一个补充。插电式混合动力电动汽车、二手混合动力电动汽车以及二手纯电动汽车也受益于该政策，不过不包括内燃机驱动型汽车。目前，德国联邦政府很明确地告诉个人消费者，德国联邦政府将斥资 30 亿欧元左右用于电动汽车购置补贴。关于净标价在 4 万欧元及以下的电动汽车的补贴标准：对纯电动汽车（蓄电池或燃料电池驱动型汽车）最高补贴 9000 欧元，对插电式混合动力电动汽车最高补贴 6750 欧元。关于净标价在 4 万欧元以上的电动汽车的补贴标准：对纯电动汽车（蓄电池或燃料电池驱动型汽车）最高补贴 7500 欧元，对插电式混合动力电动汽车最高补贴 5625 欧元。相比之下，纯电动汽车的补贴过去最高为 4000 欧元，插电式混合动力电动汽车的补贴过去最高为 3000 欧元。除此之外，新电动汽车购置者，从最初注册之日起，可享受 10 年免缴汽车税。该免税政策的实施将延续至 2030 年底。为配合环保补贴的延续，德国将推出专为低噪电动汽车设计的音响报警信号，相关补贴统一为 100 欧元。

在用人单位办公地点享受电动汽车免税充电服务是德国推动电动出行的另一项激励举措。这笔充电费用没有像公司汽车、餐券等其他应纳税的用人单位福利那样被征税。

德国联邦政府正在支持构建一个需求导向型全国充电设施网络，以满足用户的充电需求。为配合资助政策的落实，德国联邦交通与数字基础设施部计划建设运行一个覆盖 1000 个地方的全国快速充电网络。不过，德国联邦政府并不打算自己来运行这些充电设施。另外，德国联邦交通与数字基础设施部还在制订进一步资助的计划，旨在斥资 60 亿欧元将充电设施开发推广至全国的私营部门和商业部门。

为推广低排放机油驱动型客车，进一步考虑二氧化碳排放的问题，德国议会在 2020 年 10 月修订了《机动车税法案》。与瑞典的做法类似，德国也会对二氧化碳排放量较高的车主征收更高的税费，同时低排放汽车车主也会享受减税政策。税费标准将取决于发动机容量和二氧化碳排放量。排放量不超过 $95gCO_2/km$ 的汽车无须缴纳税费。除此之外，在 2020 年 6 月与 2024 年 12 月之间购置汽车的车主将享受一定的年度税收奖励。根据修订后的《机动车税法案》，二氧化碳含量上升，车主年度纳税也会增加。

公共采购是德国推广清洁汽车使用的另一项举措。根据修订后的《欧盟清洁汽车指令》，德国联邦政府在 2021 年 1 月通过了《推广清洁和节能汽车法》，要求公共机构采购较大比例的清洁汽车，同时对电动公共汽车设置了配额——2021～2025 年为 22.5%，2026～2030 年为 32.5%。

（3）循环经济与生态设计

德国推广循环经济的概念已有几十年了。1991年，德国出台了《包装条例》，这是全世界首部在某一经济部门推行生产者责任延伸制度的规定。1996年，德国联邦政府通过了首部《循环经济法》，这是一部聚焦于废弃物管理的法律。与此同时，人们对循环经济的概念开始有了更广泛的理解。

新修订的《循环经济法》（2020年）触及诸多产品政策领域和已经形成的"丢弃文化"。它提出了公共采购需偏向可持续产品尤其是有助于推动循环经济发展的产品。它还提出了一种被称作"Obhutspflicht"（义务）的新方式，即保管商品的义务。过去，生产商、零售商、销售平台（如亚马逊）会将客户退回来的商品（未使用过的且往往还在原包装里面的商品）当成垃圾处理。如今，它们有义务捐赠或销售此类商品。除此之外，它们还有义务汇报对这些退回来的商品的处理方式。

推广更可持续的产品并推动循环经济发展的另一部法律是新修订的《包装法》，于2021年1月在德国联邦内阁通过。修订后的《包装法》规定，所有一次性塑料瓶和易拉罐均收取0.25欧元的法定押金。此规定旨在给予多用途饮料瓶（玻璃瓶或塑料瓶）竞争性优势，因为它们更环保。此外，从2025年起，PET饮料瓶必须含有25%的可回收材料。

修订后的《包装法》还规定，从2023年起，餐厅、外卖商店以及销售食物的咖啡馆必须提供多用途容器，且多用途容器不得比一次性容器贵。该规定旨在减少不断增多的外卖消费相关的包装垃圾。

德国联邦政府为联邦政府机构可持续纺织品的公共采购设置

了目标：50%的采购纺织品必须符合全球有机纺织品标准和"绿色按钮""蓝色天使"等被推荐的可持续性标准。

除了"蓝色天使"标准中规定的零部件可修复性、持久性、可用性的欧盟规定之外，德国还为自己设置了更宏伟的目标，这些目标也将在公共采购决策中得到落实。

（4）可持续食物系统

德国联邦食品和农业部农业政策、食品及消费者健康保护科学咨询委员会为营造公平的食物环境和促进可持续食物消费提出了4个方面（健康、社会层面、自然环境、动物福利）的目标。

关于食物环境，首先是食物暴露和食物刺激物暴露（例如，广告和社交媒体上出现的食物和食物刺激物）。暴露会影响我们的感知域。目前，我们的感知域一般倾向于营养价值低的产品（例如，快餐、软饮料）和气候足迹多的产品。我们对食物的获取取决于各种因素，包括价格、对信息的掌握程度、社会饮食习惯和行为准则。在实际生活中，我们对食物的选择受社会经济因素、个人偏好、态度、知识、社会准则和习惯的影响。市场营销和社交媒体，尤其是社交媒体，会将食物与特定的价值观和特征联系起来，从而影响消费者的偏好。这些因素对我们的消费起着决定性作用，即决定着我们吃什么、吃多少以及吃的快慢程度。

德国联邦政府已经开始意识到，有必要采取统一政策促进可持续食物消费，大幅改善食物环境。目前，个人承担了过多责任。德国可持续发展委员会正在处理这一问题。该委员会（也被称为"绿色内阁"）负责国家可持续发展战略具体措施的制定，同时正在监测各项指标的动态，确保与17个可持续发展目标保持一致。2020 年 7 月，该委员会发布了针对食物系统的可持续发展要求。

外包装营养标签系统的简单化和扩大化是推动健康饮食整体性政策的一个关键环节。2019 年，德国就不同营养标签系统进行了一次具有代表性的消费者调查。调查发现，德国消费者偏爱 Nutri-Score 营养标签——在一部分欧洲国家已经得到推广的一种食物标签框架。该营养标签采取了独立科学家开发的分级体系，利用 5 种颜色进行从 A 到 E 的 5 种分级，以体现食物的营养程度。能量含量、营养价值高的营养和营养价值低的营养会相互抵消。例如，纤维、蛋白质、蔬菜、水果和坚果被归类为营养价值高的成分，而能量含量、饱和脂肪酸、盐、糖则被归类为营养价值低的成分。Nutri-Score 可以实现同类产品的比较。它仅适用于标有营养价值表的食物，不包括水果、蔬菜等生鲜产品。目前，Nutri-Score 还只是一个自主标签系统，尚未被强制要求在欧盟普及。

在应对食物带来的环境影响方面，还有很多不同的标签系统。基于欧盟法律建立的 Bio-Label 标签系统是当前最常用的标签系统。其他在更高标准基础上建立的标签在市场上也发挥着一定作用。Eponymous Consulting 咨询公司推出的 Eaternity Score 标签系统可以为餐饮供应商和餐厅经理开展气候足迹和水足迹的定量评估以及动物福利和雨林保护的定性评估。德国联邦环境、自然保护和核安全部在其食堂采用了该标签系统引导就餐者。

为解决食物垃圾问题，德国联邦食品和农业部发起了“不宜扔掉”的运动。据估计，每人每年扔掉的食物垃圾大约有 75 公斤，而其中很大一部分垃圾是可以避免的。消费者可以通过浏览网页或智能手机应用来找到如何在日常生活中避免扔垃圾的小技巧（例如，如何更好地采购食物、存储食物、消费食物）和烹饪食谱。

2020 年下半年德国担任欧盟委员会轮值主席国期间，欧盟理事会一致通过了德国关于开发动物福利标签的提议，并委派欧盟委员会制定一项关于所有畜种全生命周期的详细规定。

（二）瑞典

1. 国家战略

瑞典在 2016 年推出了《瑞典国家可持续消费战略》。该战略以消费者即公民个人为核心。在该计划的指引下，市政当局、工商界和民间团体都将扮演很强的角色并期望合作。政策措施涉及 7 个重点领域：①增长知识和深化合作；②鼓励可持续的消费方式；③精简资源利用；④提升企业的可持续发展信息披露；⑤逐步淘汰有害化学品；⑥改善所有消费者的安全；⑦推动食品、运输和住房领域的可持续消费。该战略的主要责任部门为瑞典财政部，而不是环境和能源部（可持续政策的情况通常如此）。因此，可持续消费在瑞典不仅是环境问题，而且是整个系统问题。相较于其他政府部门，瑞典财政部拥有更多的执行资源，以及更强的合规执行力。

瑞典政府还支持利益相关方的合作，比如，举办可持续消费和生活方式的全国与区域研讨会，纺织品供应链多利益相关方对话，以及生态智能消费全国论坛，并将这些做法和数据上报。

瑞典已经采取了许多（超过 100 项）可持续消费政策工具，目的是直接影响消费者行为（需求端），进行环境可持续消费。

政府已经评估了其中的 32 项，包括解决住房、交通和食品问题的行政管理、经济和信息政策工具的组合（经济政策工具占主导地位）。大多数是解决二氧化碳排放问题和其他空气污染物排放问题，少数几个是跨目标（例如，环境标志制度）的。

瑞典的可持续消费战略呼吁"精简资源利用"。瑞典是当今废物处理方面最先进的国家之一，其废物回收率已达到 99%。作为欧盟成员国，瑞典的废物处理遵循欧盟的废物框架指令。瑞典废物处理的优先顺序如下：①预防废物产生；②重复使用；③材料回收和生物处理；④其他回收（例如，废物发电）；⑤废物处置（例如，垃圾填埋）。

瑞典政府已经通过立法颁布了一系列垃圾处理和监督管理制度。《废弃物收集与处置条例》（1994）详细规定了瑞典生活垃圾的分类、收运与处理，是瑞典生活垃圾分类领域首部条例；《国家环境保护法典》（1999）规定了生活垃圾管理的总原则、生活垃圾的基本概念以及政府在管理生活垃圾方面的职责，成为监管生活垃圾的主要法律。此外，瑞典环保局禁止对可燃垃圾进行填埋；之后禁止有机生活垃圾填埋（厨余垃圾）。瑞典首创生产者责任延伸制度。

这些法律法规形成严格的行为约束，迫使企业和公众履行其环境责任和义务。瑞典的垃圾税收政策是一项重要工具。瑞典政府在 2000 年颁布了 250 克朗/t 的生活垃圾填埋税，随后在 2006 年将该税费提高到 435 克朗/t。2001~2010 年，瑞典城市固体废弃物填埋量占垃圾总量的比重由 22% 减少到 1%，该税在 2010 年被废除。目前，瑞典城市固体废弃物的整体处理特点是回收和焚烧的比例相等（均为 49%），垃圾填埋量仅占 1% 左右。

自 2011 年起瑞典政府开始从国家政策层面支持企业在环保科技的研发，重点关注三项主要任务：①促进瑞典环保科技出口，促进瑞典国内经济增长；②推动环境技术企业的研发和创新；③为环境技术的市场应用创造条件。该战略从 2011 年到 2014 年每年拨款 1 亿克朗，总财政支出为 4 亿克朗。据瑞典国家统计局和瑞典环境技术委员会统计，目前瑞典环保科技产业有 4 万人就业，该行业产值达到 1200 亿克朗。

消费产生的温室气体排放量一直是一个重要的影响消费的评价标准。瑞典作出的主要努力是确定消费指标，并且收集产品生命周期内的温室气体排放量数据。居民消费的温室气体排放量占总排放量的主要部分，最突出的是食品、交通和住房这三个领域。因此，这三个领域是可持续消费政策的优先关注领域。根据年度评估结果，瑞典 2017 年消费产生的温室气体排放总量是 9000 万吨温室气体当量，人均排放约 9 吨温室气体当量。其中 58% 来自瑞典国外。国外排放量来源领域包括航空、棕榈油进口、电子产品和纺织品等（见图 5-1）。瑞典居民消费的温室气体排放量占总排放量的 60%，而公共领域的温室气体排放量占 11%。在居民消费领域，食品、交通和住房领域的排放份额分别是 15%、20% 和 10%，剩下的 29% 归因于投资。

瑞典和德国都已经执行了多机构参与的跨部可持续消费战略。瑞典国家和地区有关机构从 2015 年开始，就一直在"环境目标委员会"这个最高管理层面进行战略合作。每年对环境进展进行深入评估。基于这些，这个委员会的目标是推动解决环境目标和其他社会目标的冲突，并且为政府提出政策建议。该委员会在 2016~2019 年每年都提出 20~30 项国家有关机构合作执行

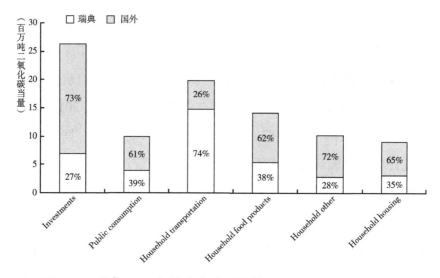

图 5-1 瑞典 2017 年按消费类型计算的国内外温室气体排放

注：图中数字为该项占比。

资料来源：瑞典中央统计局（SCB）。

的措施，以便加速实现环境目标。迄今为止，大约 30% 的合作措施聚焦"经济、增长和消费"领域。该委员会 2020 年 2 月提出了第五个跨部门合作措施清单。2020~2022 年将完成几项任务，以便加强瑞典的环保政策，实现这些目标。可持续消费政策工具就是 2020~2022 年七大优先领域之一。

2016 年，瑞典开始执行可持续消费战略，瑞典政府从 2016 年到 2020 年每年拨付 4300 万克朗，此后，每年拨付 900 万克朗，以加强瑞典消费者管理局在环境可持续消费领域的工作。瑞典政府指定瑞典消费者管理局举办新的"生态智能消费全国论坛"。政府希望通过分享理念、知识和问题解决方案，让可持续消费成为大家的共识。

从 2008 年开始，瑞典通过分析产品整个生命周期的温室气体排放，一直在研究全国消费与气候变化影响之间的关系。为改进研究方法，瑞典环保局资助了 PRINCE 项目来研究和确定消费环境影响的优先指标。瑞典中央统计局牵头负责该项目，多家学术机构参与。根据项目的研究结果，环境治理目标监测系统采用了基于消费的两项新指标——瑞典国内外每个消费类型产生的温室气体排放量。2019 年，瑞典环保局向政府推荐了监测重点消费类型（交通、航空、食品、建筑和住房、纺织品）温室气体排放趋势的一套指标。

瑞典居民消费的温室气体排放量从 2008 年到 2017 年减少了 14%，尽管居民消费量增加了 25%。估计这一减排量的 2/3 是因为进口和国内生产商品提高了生态效率；1/3 与瑞典的消费类型转变有关。然而，瑞典消费的温室气体排放量仍然远超可持续水平。瑞典政府 2020 年可能要探索采用基于消费的全国温室气体排放量目标。

2. 应对新冠疫情的复苏和绿色转型战略

瑞典政府关于绿色复苏的议案（2021～2023 年）旨在通过转型瑞典工业来促进减排，推动瑞典向可持续的交通体系转型，防止生物多样性减少，支持资源节约型、低碳、循环、无毒材料和能源的利用。此类举措预计会提升环境质量、促进就业、增强竞争力。

政府信用担保就是一个例证。2021 年，瑞典政府提供了高达 1000 万克朗的绿色信贷，以推动促进绿色工业转型和未来绿色就业的长期资本投资。该信贷额度预计到 2022 年增加至 150 亿克朗，到 2023 年增加至 250 亿克朗。

新冠病毒的传播及其导致的经济危机对瑞典社会造成了严重

影响。瑞典政府预见了通过绿色复苏加速循环经济转型的新机遇，并于近期（2020~2021年）出台了一项关于发展循环经济（包括可持续消费）的国家战略和行动计划。推动供需数字化也是一项重大战略。2021年5月，政府提出了一项关于数字化和可持续的国家战略。

3. 性别平等

在瑞典，人们普遍认为男性和女性应该平等地受益于税收。瑞典创新局的政策是，要将平等的概念融入其各项活动，同时在资助研究和创新的过程中要保障性别平等。只有当所有政府和企业活动都考虑到性别平等的因素时，才有助于性别平等政策目标的实现，即男性和女性在塑造社会及其生活上应该享有同等的权利。必须将性别平等纳入绿色转型政策措施的制定中，包括可持续消费和生产领域。研究表明，在支出相同的情况下，瑞典男性的温室气体排放量比瑞典女性高16%。男性在车辆以及燃料使用上的高消费可能是造成这种情况的原因。

性别平等在瑞典政府决策中非常重要。在社会和生活中，女性和男性必须拥有相同的权利。瑞典政府实行性别平等最重要的工具和战略是1994年制定的性别平等政策。根据要求，性别平等概念必须融入日常工作中，不必单独处理。瑞典政府已经委托瑞典性别平等局支持包括瑞典消费者管理局在内的58个政府部门，在它们的工作中综合考虑性别平等问题。指导瑞典消费者管理局工作的政府法令要求该局应该综合考虑可持续发展问题，推动实现瑞典的环境保护目标，该局也综合考虑性别平等问题。

在考虑性别平等时，瑞典消费者管理局已经确立了获取男女消费者不同选择可能性知识的目标，以及根据这些知识确定该局的工作。例如，该局已经组织召开了"女性、男性和环境——性别平等与可持续消费的相关性研讨会"。2017 年，该局委托研究人员编写了一份报告，概述消费者行为和性别平等。这份报告从研究"男性和女性消费者进行购买选择和日常消费的条件如何不同"这个问题开始。这份报告系统地描述了几项最新研究，其中有的是市场调查，有的是研究瑞典消费者管理局和环保局讨论确定的重点领域。例如，这份报告表明，在财务服务决策上，男性和女性展现出不同的行为。女性看重把投资的损失降到最低程度，而男性则着重于社会和财务的利益最大化。

瑞典性别平等政策明确指出，女性和男性有同样的权利来改善社会和他们自己的生活。以这个为出发点，政府正在努力实现 6 个子目标：①权力和影响力的平等分配；②经济性别平等；③教育性别平等；④无偿家务和护理工作的平等分配；⑤保健、护理和社会服务方面的两性平等；⑥制止对女性的暴力。

4. 在重点领域的行动计划

（1）推动低碳转型

2015 年，瑞典政府启动了"零化石瑞典"计划，旨在动员全社会参与气候相关行动，同时让企业、城市、组织有机会展示各自为一项共同事业所作的努力，通过实现"零化石"来提升产业竞争力、促进就业、拉动出口。

2017 年，瑞典议会通过了一个包含新气候目标的气候政策框架、气候法案以及关于组建气候政策委员会的计划。瑞典计划到 2045 年实现温室气体净排放量为零并在此后实现负排放。

在政府的要求下，瑞典环保局提出通过五方面来跟踪主要消费领域的温室气体排放轨迹，包括个人交通、航旅、食品、建筑以及纺织品。这种以消费为基础的排放跟踪可作为区域排放跟踪的补充，并促使居民和企业采取减排行动。基于消费的温室气体排放总体指标被用作《2030 年可持续发展议程》中目标 12.1 的后续工作开展标准。

2020 年 11 月，瑞典政府呼吁环境议会筹备委员会制定一项战略，考虑以国家消费目标和政策为基础，减少消费带来的气候影响。研究结果将在 2022 年 1 月公布，并有助于实现"为下一代创造一个没有重大环境问题且不向世界其他国家和地区输出此类问题的社会"的代际目标（以下简称"代际目标"）、"限制气候变化"的环境质量目标以及《2030 年可持续发展议程》。

瑞典的电力行业和供热行业已经实现了一定程度的脱碳化，因此，瑞典当前关注的重点是交通业和重工业的脱碳化以及负排放的实现。工业部门的温室气体排放量占瑞典温室气体排放总量的 1/3 左右（2019 年为 32%）。为落实"零化石瑞典"的计划，瑞典各行各业制定了路线图，提出了如何通过实现零化石或气候中和来增强竞争力。这些路线图明确了机遇与挑战、产业承诺以及政治建议。瑞典钢铁生产者协会负责确保钢铁生产过程中无化石，同时确保从能源到采矿再到钢铁生产的整个价值链环节中无化石。

系统性转型需要有全面的政策和治理手段。路线图的实施需要满足这些条件：为长期研究和知识开发提供资金支持；能够以在国际上具有竞争力的成本获取电力和生物能源；支持进一步开发基于生命周期的合适的气候影响模式；支持创造无化石钢铁的市场需求和根据价值链进行成本分摊的新型商业/定价模式。接触下游产业和消费者需要创新型成本分摊模式和新型商业模式。无化石钢铁生产有助于汽车厂商和消费者转向气候友好型交通方式。开发有助于催生更多循环型和无化石解决方案的气候智能型技术，有助于创造竞争性优势、促进就业、拉动出口。

（2）电动出行

瑞典 1/3 的二氧化碳排放量都来自交通行业，而且一直保持着这一比例。长期以来，瑞典的汽车以相对老旧的高耗能大型车辆为主。对此，瑞典政府设置了到 2030 年交通行业减排 70%（相较于其气候议案中指出的 2010 年的水平）的宏伟目标。2018 年 7 月 1 日，瑞典推出了"奖惩系统"，该系统根据汽车排放量，为环境友好型汽车提供补贴，向内燃机驱动的汽车征税。该系统旨在实现几大政策目标：①调整高排放、低排放、零排放汽车的相对价格，鼓励气候友好型汽车的采购；②加速本国汽车行业的转变，实现欧盟制定的到 2021 年新车二氧化碳平均排放量达到 95g/km 的目标；③通过"罚金"税收提供的"奖励"，为零排放和低排放汽车支持方案的实施减轻资金负担。在瑞典，化石燃料需缴纳增值税和燃料税（碳和能源税）。此外，车主还需缴纳年度汽车税。这样设计的考虑是，该系统应该自己为自己"买单"，而不是依靠财政供养。那些购买二氧化碳排放量较高的汽车的车主需要为购买二氧化碳排放量较低的汽车的车主提供补贴。该系统是一揽子政策的一部分，其组合工具会影响汽车的购买、使用和技术开发。

为进一步巩固减排成果并确保该系统得到资金支持，瑞典政府在 2020 年提议对新轻型汽油车和柴油车进一步增加汽车税。瑞典政府还宣布将加大对购置零排放汽车的激励力度。2019 年，瑞典电动汽车注册比例达到了 18% 的历史高点。2020 年，在新售的可充电汽车中，电动汽车占 32%。不过，为实现欧盟 2021

年二氧化碳平均排放目标，仅仅有包括"奖惩系统"在内的当前一揽子政策是不够的。就未来政策设计而言，为确保可持续成果，该系统需要考虑汽车的全生命周期以及与发电相关的排放问题。为确保公平性，需要推出奖励措施，让低收入群体能够有更多可持续的选择，例如，电动汽车。

（3）循环经济与生态设计

《欧盟生态设计指令》及其产品规定在瑞典可以直接施行，并由瑞典能源局通过信息运动和市场监督予以保障。瑞典能源局内部实验室在欧盟是独一无二的。瑞典通过谈判和市场调节来确保生态设计与能源标签的一致性。该内部实验室在培养专业性方面发挥了作用，而且使瑞典能源局常常向欧盟委员会建言献策。

瑞典能源局通过网络、研讨会和新闻通讯向生产商、零售商及其他利益相关方通报欧盟生态设计相关政策。瑞典能源局预计可以通过生态设计进一步设定资源效率相关的产品要求，不过此举需要经济刺激和信息的配合，可能还需要新商业模式的配合。这些要求有助于延长产品寿命、促进产品回收利用，从而有助于加强各方在用电安全和化学等领域的合作。

欧洲协商、制定和实施生态设计、能源标签等节能产品政策的方式值得其他国家借鉴。瑞典能源局参与了瑞典国际开发合作署资助的联合国工业发展组织节能型照明和家电（EELA）项目，将为南部和东部非洲对生态设计和能源标签进行产品立法提供支持。瑞典能源局还促进与工商界的对话，旨在建设实验室，开发测试活动，为政府官员、实验室技术人员、市场监督部门、制造商、进口商、公私采购商等各类利益相关方组织高级培训。通过支持政策能力建设、技术转移、商业开发，总体目标是实现欧洲以外地区向更节能型产品和服务的市场转型。

（4）可持续食物系统

2017 年，瑞典政府出台了一项长期食物战略，其愿景是到 2030 年实现具有全球竞争力、创新性、可持续、富有吸引力的瑞典食物链。其主要目的是促进生产、支持有竞争力的食物链、促进就业、增强创新能力、提升盈利能力、实现相关环境目标。该战略明确了需要采取战略行动的三大领域——规章制度、消费者和市场（让消费者对食物充满信心且能够作出明智和可持续的选择）以及知识和创新，从而提高食物供应链上的生产率，促进食物的可持续生产和消费。瑞典政府认为，解决方案就是加大节能环保型产品生产力度，尤其是要加大对全球环境影响较小的产品的生产力度。

地方、地区、国家层面的利益相关方之间的相互协调配合对该战略的实施非常关键。瑞典政府在 2017 年、2019 年、2021 年发布了一系列行动计划。

一期行动计划（2017~2019 年）设定的目标是：将 30% 的瑞典农业用地用于发展有机农业，将 60% 的公共消费食物（例如，公立学校和公立医院提供的食物）变成经认证的有机食物。

瑞典农业委员会正在与其他政府机构、企业和组织代表以及消费者和环境组织商讨制定一项行动计划和里程碑目标，以实现 2030 年目标。食物和膳食（例如，校餐）的公共采购可以更好地推动动物保护并缓解环境问题。另一个需要采取行动的领域是通过加强食物链上的行为体与政府机构的合作，减少整条食物链上的食物垃圾。面向消费者的信息也非常重要。

二期行动计划（至 2025 年）指定瑞典经济与地区增长局负

责更有效地实施相关规章制度，同时指定瑞典创新局和瑞典可持续发展研究委员会负责推动创新研究。

三期行动计划（从 2021 年 1 月起）的核心是所谓"一揽子简化措施"；有关当局需要在加强有关规章制度的有效实施的同时对其进行简化处理。

针对 2020 年的评估发现，瑞典企业需要增加其产品附加值，努力增加产品价值而非产量，同时知识和创新对食物链的长期发展至关重要。随着生产日益高科技化和知识密集化，企业和国家的竞争性优势日益取决于其能否在知识和研究领域占据领先地位。如不加强对食物链的研究，瑞典食品企业就会在全球发展中落后。

瑞典环境目标体系中有两大减少食物垃圾的里程碑目标，且都需在 2025 年之前实现。目标一是减少食物在到达商店和消费者手中之前的生产过程中产生的食物垃圾。瑞典农业委员会将监测有关进展情况。目标二是在 2020～2025 年将人均食物垃圾量减少至少 20%，相关进展情况将由瑞典环保局来监测。

Röös 等人（2020）关于食物政策工具的研究强调了以下几点：①要在国家层面设定可持续食物消费的目标；②除了信息规定之外，还要出台对生产商和零售商提出要求、调整价格的规定；③要意识到，如果与加征红肉税收等措施配合实施，同时对果蔬降税，政策会得到更大的公众支持；④以公共部门的餐饮（学校、医院、幼儿园等地方的餐饮）为例，推广可持续餐饮。[1]

---

[1]　Röös et al. , Research on Food Policy Instruments Policy Tools for Sustainable and Healthy Eating：Enabling a Food Transition in the Nordic Countries, 2020, https：//pub. norden. org/nord2024-007/index. html.

（5）《消费者报告》

瑞典消费者管理局 2009～2010 年研究出一个方法，来确定消费者购买不同商品和服务的习惯，例如奶产品和肉类。该局利用其研究成果来认定有问题的市场。这项研究的成果已经每年在《消费者报告》上发布，2013～2018 年已经发表了 6 份《消费者报告》。

瑞典消费者管理局代表政府，从 2015 年开始研究消费者现在有什么机会进行环境可持续消费。该局通过其问卷调查表获得消费者的购买习惯；然后瑞典中央统计局的计算结果作为补充，调查结果表明了总体消费和各种类型的市场消费对气候变化的影响。对温室气体和其他空气污染物排放进行了类似的计算。这项调查研究的目的是提供不同年龄组的男女分类数据。2018 年的调查结果表明，妇女有更多的环境可持续选择的机会。根据年龄组分类，35～64 岁的中年男子最难作出环境可持续选择，而 65～75 岁的妇女最容易作出可持续的选择。对环境保护很少或没有兴趣的人群，很少作出更加可持续的采购选择。妇女和男士对环境问题的态度有明显的差异。采购时考虑消费对环境影响重要性的妇女比男性多。妇女对环境选择的认识更清楚，并且在采购时常常更多地利用环境标志和其他信息。

（三）日本

1. 国家战略

日本虽未制定专门的可持续消费战略，但建立了范围广泛的可持续政策框架，并制订了消费和生活方式方面的专项计划。日本的实践深受其发展历程和废弃物管理的影响。20 世纪 50 年代，日本的经济从规模到结构都发生了重大变化。经济规模急剧增长，重化工产业的发展驱动了经济结构转型，城市人口也越来越密集。生活垃圾和工业废弃物产生量均迅速增长。废弃物处置不足和非法倾倒屡见不鲜。这使制定废弃物管理政策、改善卫生和预防环境污染变得更加重要。这些情况促使政府制定可持续发展战略，并致力于建设"循环型社会"。鉴于新冠疫情发生及其解决方案与卫生相关，日本历史上将废弃物管理体系同卫生和公共健康连接的经验，对以公共健康政策和基础设施建设构建可持续生活方式的途径选择有所借鉴。

此后，日本制定了《循环型社会形成推进基本法》。该法确定了以资源循环利用和废弃物处置为核心的基本原则，包括明确的 3R（减量化、再利用和再循环）优先领域和分级措施。该法要求政府制定并更新名为《循环型社会形成推进基本规划》的五年计划。随着五年计划的执行，日本在 3R 运动中以文化传统嵌入可持续包装和循环项目，从而推动了居民垃圾分类和家庭能效提高。消费在生活方式中占据怎样的地位，要看文化和传统发挥了怎样的杠杆作用。日语有一个包含可持续性理念的词语"勿体口い",① 用来指丢弃仍有价值的物品而产生的浪费。同名漫画中提到这个理念，用以向漫画爱好者普及该理念。

上述项目之一是 2005 年全国发起的"清凉选择"计划，目的是鼓励人们选择低碳产品、服务和生活方式，如使用公共交通和节能电器等。日本政府还发起了"清凉商务"运动，鼓励工

---

① 该词从佛教用语"物体"的否定词而来，意思是"当一件事物失去了它该有的样子，对此感到惋惜感叹的心情"。

作场所推广可持续和适温穿着。在一个以正式工作着装著称的国家，鼓励人们在夏天穿轻便的休闲服装，即不打领带、不穿西装。工作时穿着更凉爽不仅感觉更舒适，更是为了避免办公室空调温度设定过低。该运动产生了非常好的效果：大约695万人和10万家公司都采取了"清凉选择"的做法。"清凉商务"运动对2013~2017年居民部门减排10%二氧化碳发挥了主要作用。

2. 应对新冠疫情的复苏和绿色转型战略

虽然第二十六届联合国气候大会等很多气候变化相关的活动因新冠疫情而延期举办，但是还是在2020年9月举办了一场聚焦于"线上平台"的部长级会议，旨在交流共享新冠疫情应对措施以及不同国家针对气候变化和环保举措采取的具体行动和进行的考虑，同时呼吁采取全球行动，确保气候变化应对措施不会受新冠疫情所干扰。该会议的《主席总结》肯定了通过"三大转型"进行"重新设计"的重要性。

2020年10月，日本首相菅义伟宣布，日本政府将尽最大努力实现绿色社会，重点关注经济与环境的良性循环，并将其作为日本增长战略的一大支柱，同时设定"到2050年实现碳中和、建成脱碳社会"的目标。2020年12月，日本内阁官房长官加藤胜信主持召开增长战略会议，将《绿色增长战略：到2050年实现碳中和目标》确立为实现"经济与环境良性循环"的一项工业政策。该战略呼吁为预计增长的行业设置高目标并制定相应的政策，这些行业包括离岸风力发电、氨燃料、氢、核、汽车及蓄电池、半导体、信息通信技术、海运、物流、人口流动和民用基础设施、食物、农林水产、航空、碳循环、住房与建筑、下一代太阳能、资源循环、生活相关行业。

充分发挥社区力量被证明在新冠疫情时期和后疫情时代都非常重要。2018 年，日本内阁批准了《第五期环境基本计划》。日本政府推动建立该计划中提出的"地域循环共生圈"。"地域循环共生圈"旨在建立一个自给自足和去中心化的社会，对自然美景等地方资源进行最大化利用，根据地方特色对资源进行相互补充和支持，从而最大限度地激发地域活力。目前，日本环境省对致力于打造"地域循环共生圈"的组织提供支持。

从新冠疫情期间吸取教训后，日本预计会向新的生活和工作方式转变，例如，感染风险较低的户外休闲活动将越来越受欢迎，越来越多的日本人想移居至府级区域，"远程办公"（workation）将越来越普遍。尤其是"远程办公"这种工作方式，正在受到关注，其指的是人们一边远程工作，一边在工作间隙进行休闲活动。甚至早在新冠疫情发生之前，日本地方政府及其他官方机构就已经在推广这一工作模式，主要是为了促进农村地区人口增长，同时减少城市人口。2019 年，"日本远程办公联盟"成立（截至2021 年 7 月，已有 195 个成员，其中包括 23 个府和 172 个市），地方政府开始"招兵买马"。日本环境省对该联盟表示支持，截至2021 年 5 月，已支持了 269 项"workation"活动。一些企业已经加入该联盟。数据显示，当身心得到放松、工作与生活之间达到一种更好的平衡时，生产率就会得到提升。

3. 性别平等

1999 年，日本政府颁布了《男女共同参与社会基本法》。《第五次性别平等基本计划》（2020 年 12 月 25 日经内阁批准）指出，为建成可持续社会，日本政府应在应对气候变化等环境问题的同时，促进女性参与政策制定的过程，在考虑国际形势的基础上，努力在具体计划中突出性别平等。日本中央环境委员会在《环境基本法》下成立，是日本环境省的咨询机构，其 30 位专家中有 14 位是女性（截至 2021 年 2 月的数据）。

该计划还呼吁在实施官方发展援助计划和项目的过程中推动性别主流化，促进性别平等和女性赋权，以推动女性参与发展合作的所有阶段，并确保她们从发展活动中平等受益。2020 年 4 月，日本政府依据《巴黎协定》中的相关规定，发布了针对联合信贷机制补贴项目的性别指南，明确了在联合信贷机制补贴项目周期（规划、实施、运行阶段）中实现性别平等所需采取的行动，并敦促联合信贷机制补贴项目承接方，尤其是负责项目实施的代表性实体和联合企业，为性别平等采取行动。

4. 在重点领域的行动计划

（1）推动低碳转型

2021 年 5 月 26 日，国会一致通过修改了《全球变暖对策促进法》。修订后的法律中新增了一项基本原则：日本的所有利益相关者都必须按照《巴黎协定》相关规定，到 2050 年实现脱碳社会。另外一个主要内容是推广可再生能源，并将其作为促进区域振兴的措施。该法案建立了一个系统，市政当局可以通过该系统认证有助于该地区脱碳以及通过利用当地可再生能源解决地区问题的项目。同时，对此类项目采取特殊措施，如相关行政程序一站式制度，以促进区域内顺利达成共识，促进引入对区域有贡献的可再生能源。

在日本，《全球变暖预防计划》完成修订后，升级版减碳措施的具体细节将被公布，新框架中有两点值得关注。第一，最大限度地引进可再生能源类国家项目，推广使用高新技术。2020

年 12 月提出的绿色增长战略重点关注包括氢能在内的 14 个绿色增长优先行业，这将促使国家在绿色转型方面进行前所未有的大范围投资。第二，建立一个新发展模式，鼓励当地社区尽可能减少温室气体排放，同时保证自身经济的积极发展。日本许多地方政府已经承诺了 2050 年温室气体零排放成为"零碳城市"，但许多其他地方政府仍然缺乏实现碳中和的全面计划和具体措施。

为实现脱碳化目标，除了国家工业政策之外，参与社区直接相关活动的地方政府也需要出台脱碳化政策。2020 年 12 月，日本成立了国家和地方建设脱碳化社会委员会，由日本内阁官房长官加藤胜信担任主席，旨在通过国家与地方政府之间的合作到 2050 年实现社区层面的脱碳化。该委员会研究了消费者、各部委、机构和地方政府的看法，并于 2021 年 6 月制定了脱碳路线图。这包括到 2025 年的 5 年内集中开展最新技术区域性试点，到 2030 年创建 100 个以上脱碳领先区域，以在全国范围内大胆推动气候行动。

家庭和企业部门也是温室气体排放的主要来源。日本环境省正在全国范围内推广一个被称为"酷选择"的运动，旨在鼓励人们作出有利于应对全球变暖的明智选择，例如，在购买产品、使用服务、选择生活方式时要考虑它们是否有助于推动脱碳化社会的建设。"凉装"运动、"暖装"运动倡导在夏冬两季合理使用空调、穿着合适的服装，"生态活动"、"智能移动"运动鼓励人们合理使用汽车及其他交通工具，"点亮未来计划"运动则呼吁节能和高效照明的推广。

2011 年，东日本大地震和核灾难给福岛县造成了严重破坏。如今，福岛县正在努力实现"福岛创新海岸构想"（在日本政府

2014 框架政策中得到了明确）。这一国家级项目旨在通过建立新产业基地恢复福岛县东部沿海地区及其他区域受灾害影响的产业。2016 年，日本经济产业省自然资源与能源局局长主持召开的"福岛新能源社会构想实现会议"确定了《福岛新能源社会构想》（2021 年 2 月修订），以加快推进该构想在能源领域的落实。中央政府、福岛县政府以及有关企业正在共同努力，推广可再生能源和氢能的应用，力争到 2040 年前后使可再生能源占福岛县一次能源需求的比例达到 100%。

（2）电动出行

2000 年，日本国土交通省首次推出了环境标签系统，对符合一定排放和燃料效率标准的汽车予以认证。2009 年，针对下一代汽车（即电动汽车、燃料电池汽车、天然气汽车、插电式混合动力汽车、清洁柴油汽车）和符合一定排放和燃料效率标准的汽车，日本启动了环保汽车减税计划。该系统对汽车的购买和所有权均征税（税率或高或低），以此促进对环保效果更好的汽车的购买和保有，同时减少对环境影响大且超过一定车龄的汽车的使用。日本 2020 财年预算共有汽车相关税收 26180 亿日元，占全日本总税收的 2%（以 2020 财年初期预算计算，即国税与地税之和）。

（3）循环经济与生态设计

为实现可持续的消费和生产体系，目前日本对完成从设计到处理的闭环越来越感兴趣。过去，由于垃圾产生和垃圾非法倾倒的增加，日本基于《环境基本法》在 2000 年通过了《循环型社会形成推进基本法》。该法强调了垃圾的减少、重复使用和循环利用，推出了生产者责任延伸制度，推动了相关法律的修订和新法律的通过，旨在解决包装、家电、食物、汽车等领域的垃圾和循环利用的问题，同时提出了绿色采购的要求。

为落实以上法律规定，日本各大工业组织和企业提出了各种方案。例如，日本汽车工业协会制定了《推动报废汽车数量减少、重复使用和循环利用的产品设计阶段提前评估指南》，丰田正在积极设计易于拆解分类的新款汽车。休闲时尚服装零售商优衣库在全国连锁店里放置了回收箱，对回收的衣服进行再利用，将这些衣服送给世界各地有穿衣需求的群体，包括与联合国难民事务高级专员办事处、非政府组织、非营利组织合作，以紧急赈灾的形式向难民营和受灾地区的人群提供衣服。无法被重新利用的衣服则会被处理成燃料或隔音材料进行循环使用。近期，优衣库正在推广"衣服到衣服再循环"的运动。

除了公司和组织的举措外，政府还采取措施实现向循环经济转型。2019 年，日本环境省联合其他省厅制定了《塑料资源循环战略》，以应对海洋塑料危机。2021 年 6 月，国会一致通过《塑料资源循环法》，到 2050 年实现塑料材料的循环，涵盖从产品设计到废物处理的全过程。

（4）可持续食物系统

日本正在将食物生产与可持续发展目标联系起来，例如，为学校儿童提供有营养的食物（为贫困儿童提供免费食物）（可持续发展目标 1：无贫穷），通过推动可持续农林水产业发展开展改善营养的国际合作（可持续发展目标 2：零饥饿），创建福利院雇用残障人士（可持续发展目标 3：良好健康与福祉），开展食物方面的教育（可持续发展目标 4：优质教育），促进农林水产业中的性别平等（可持续发展目标 5：性别平等），推动发展中国家灌溉用水的可持续使用（可持续发展目标 6：清洁饮水和卫生设施），在农村、山村、渔村推广可再生能源的使用（可持续发展目标 7：经济适用的清洁能源），通过农林水产业智能化推动创新（可持续发展目标 9：产业、创新和基础设施），减少食物损失并促进食物循环利用（可持续发展目标 12：负责任消费和生产）。

目前，日本农林水产省正在推广追求完美营养平衡的"日式饮食"。日本农林水产省会举办关于开展饮食教育的全国性会议，对饮食教育活动给予奖励，同时提供体验农林水产和公共食堂的机会。关于减少与利用食物垃圾和食物损失，据估计，日本在 2017 财年产生了 2531 万吨食物垃圾，其中 600 万吨可食用食物垃圾被丢弃。《食物再循环利用法》于 2000 年颁布，旨在通过控制食物垃圾生产和减少食物垃圾数量来减少其最终处理量，同时对食物垃圾进行再利用，转化为饲料和肥料作为资源使用，或进行热回收。日本还采取了措施促进餐饮业务的再循环，例如，制定再循环标准和目标，要求定期汇报、营业登记、商业计划认证。根据这一法律，日本环境省正在匹配餐饮业务、再循环业务、农林水产业务等，以扩大食物再循环范围。

为减少食物浪费，日本在 2019 年颁布了《减少食物浪费促进法案》，旨在到 2030 财年将家庭和企业食物浪费量减少一半（相较于 2000 财年）。为促进企业和消费者采取行动，日本环境省正在实施"拒绝食物浪费青年行动项目"，日本所有想参与减少食物浪费的活动或项目的学生都被组织起来，就如何在其社区开展减少食物浪费活动建言献策。此外，日本环境省、消费者厅、农林水产省正在组织"打包袋创意比赛"，征求公众关于普及和确立新的打包方式的意见。

（四）欧盟

1.宏观战略

在制订宏大的绿色复苏计划方面，欧盟一直都走在前面。目前，欧盟正在积极指导成员国限制资源使用和浪费、发展新产业、促进绿色就业发展、推动城市再设计、以绿色转型促社会行为转变。在《欧洲绿色协议》中，欧盟制定了一项新的增长战略，旨在将欧盟转变成一个公平繁荣的社会，打造一个现代化、节约型以及具有竞争力的经济体，确保到2050年实现温室气体净排放为零同时经济增长与资源利用脱钩。欧盟已决定将其2030年温室气体减排目标提升至55%（相较于1990年的减排目标），并到2050年实现气候中和。

欧盟抗击新冠疫情复苏计划由德国和法国牵头实施，呼吁对非再生塑料征税，同时从2023年起开始对碳排放标准低于欧盟的国家生产的产品征收碳边境税。该复苏计划共有1.8万亿欧元的预算，对多年期财政框架和"下一代欧盟"计划进行了整合，其中30%的资金将用于气候相关的项目。

恢复和复原基金是该复苏计划的核心，旨在为欧盟成员国应对新冠疫情的社会经济影响提供资金支持。"下一代欧盟"计划的资金规模高达8071亿欧元，其中7240亿欧元划拨给恢复和复原基金。各国计划必须包含与欧盟优先事项相符的改革和公共投资项目，反映本国特有的挑战，支持绿色转型，推动数字转型。各项改革和投资必须在2026年之前实施。

欧盟法律统管其内部市场的所有产品和贸易：通过推动可持续消费，欧盟积极指导成员国节约资源和减少废弃物，发展新产业，促进绿色就业，重新设计城市结构和改变社会行为。促进可持续消费政策的重要性在欧盟内逐渐显现：人们从早期重视废弃物回收利用和最小化，转向日益重视可持续产品设计和向消费者提供关于产品的能源消费与环境影响的信息。欧盟 2006 年版《可持续发展战略》推动了一系列行动计划和政策工具的制订，包括规定能源消耗产品生态设计要求的《欧盟生态设计指令》，确保消费者获得产品的能耗和环境绩效方面信息的《欧盟环境标志指令》和《欧盟能源标志框架规章》。实施这些法规对绿色消费起到了实质性的改善作用，但仍存在一些问题。产品法律仅仅解决了产品生命周期的具体方面的问题，没有提出和解决产品的许多环境影响问题。

欧盟加强了对气候变化、污染、资源浪费、自然资源枯竭以及能源和自然资源进口依赖的关注，欧洲委员会 2008 年制订了《可持续生产和消费以及可持续工业政策行动计划》，试图使用更加全面的方法，让《欧盟生态设计指令》涵盖所有与能源有关的产品，为产品设定了环境标准，进行定期审查，建立欧盟机构和成员国主管当局统一的公共采购基地，特别是推动明智的消费。欧盟成员国已经开始进行很多行动来鼓励零售商和生产商实现绿色供应链，提高消费者的意识，加强消费者参与。

最新、最重要的政策是《欧洲绿色协议》，该协议解决清洁能源、可持续工业、建筑翻新改造、可持续交通、食品生产和消费以及生物多样性保护等领域的问题，其目标是到 2050 年实现碳中和。这项协议还旨在确保欧洲在这个领域的全球领导力，为其他国家树立一个榜样。作为《欧洲绿色协议》的一个重要组成部分，2020 年 3 月欧盟执行新的《循环经济行动计划》，该计划超越 2015 年的《循环经济一揽子计划》，其目标是让可持续产品成为欧盟的规范，推动消费者和公共买家可持续地消费，并且实现一个零废弃物体系。它重点关注价值链内材料回收利用比例较高的领域，包括电子、电池和汽车、包装、塑料、纺织品、建筑和房屋、食物、水和养分，目标是推动居民、地区和城市能够践行循环经济。加强产品的耐用性、可再利用性、可回收性，提高能源和资源利用效率，并提高可回收材料的含量。严格限制使用一次性产品，严格限制产品的过早报废，同时鼓励把提供产品作为一种服务的模式。向消费者赋权的各种措施是这项计划的核心，包括加强产品寿命和修理服务信息的可获得性，确定可持续性标志和信息工具方面的最低要求。同时也在考虑"修理权"，即要求公司利用"产品和组织环境足迹方法"证明它们的环境声明。欧盟还要更新《循环经济监督框架》。另外，循环经济利益相关方平台为公众提供了机会，分享与可持续生产和消费、废弃物管理和创新有关的良好实践做法、出版物、事件和网络。

消费政策在过去 50 多年从解决末端污染问题（例如，废弃物和本地污染）演变到使用更广泛的系统视角（例如，形成影响经济系统内生产和消费活动的社会规范和价值观）。20 世纪 60 年代后期和 70 年代，制造业因为空气和水污染以及废弃物管理不善引发严重环境问题。政府政策的制定主要是被动反应性的，重点关注公共健康和刚出现的消费者保护法律。到 20 世纪 80 年代，欧洲发达国家采用了清洁生产，这是以预防为主的方式；20 世纪 90 年代，以生态效率为导向的方法再次强调这一方式。需求端政策强调提高物质和能源效率，它们得到环境标志和良好的垃圾管理的支撑，即 3R 方法。到 20 世纪末 21 世纪初，各国政府开始认识到过度消费的负面影响，以及社会不平等在推动不可持续方式发展中发挥的作用。当代欧洲政策要把生态效率和社会福利的包容性特点结合在一起，这也是可持续发展目标"不让任何一个人掉队"的格言所要求的。

欧洲可持续消费政策的重点领域和主题一直是被研究推动的。《研究与技术开发第七个框架计划》是欧盟 2007～2013 年资助研究的主要政策工具。这个框架计划旨在研究和解决欧洲的就业、竞争能力和生活质量问题。后续的计划《2020 年地平线》从 2014 年到 2020 年提供了近 800 亿欧元资金，支持研究和创新项目。根据这些制度，欧洲资助了几个消费和生活方式与政策分析方面的研究项目，以便支持欧盟层面和国家层面的战略和方法，例如，基准和需求评估、风险和不确定性评估、生命周期评估、物质流分析、成本效益分析、环境和社会影响评价等。这些研究表明，消费和生活是对环境产生最大影响的领域，因此，它们应该成为政策优先领域。这些领域包括食品制造、出行、住房、消费品、休闲和旅游，以及能源、水资源和废弃物这样的交叉领域。虽然各国的重点可能不同，但这些主要领域常常成为重中之重，并且最终成为可持续消费政策的首要关注领域。

尽管在科学上是明确的，解决消费问题还是需要居民的同意。因为这样的政策形成阶段很重要，瑞典和德国政府紧紧依靠公共咨询和审议，邀请非政府组织、企业、当地社区参加它们精心设计的公民咨询活动。这些分析表明，一旦公众认识到这个问题的重要性，他们就会广泛接受相关政策。实际上，大多数咨询结果表明：意识到可持续消费影响的居民倾向于提出的行动，比政府政策最终反映出来的行动更加志向远大。

2. 重点领域的行动计划

（1）循环经济与生态设计

关于零配件的恢复性、持久性、可用性等循环经济和资源效率方面的规定，以及关于维修的强制性指令，均被收录进《欧盟生态指令 2009/125/EG》和针对不同产品种类的单独指令。欧盟生态指令在促进节能（2020 年，欧盟能耗降低约 9%，到 2030 年预计降低 16% 左右）和温室气体减排方面非常有效。除此之外，该指令还促进了资源节约，例如，水资源的节约、污染物的减少。

尽管如此，欧盟委员会在 2020 年就可持续产品计划展开协商，进一步研究如何通过产品立法和行动推动向循环经济的转型，同时促进消费、生产、气候、空气、水资源和生物多样性方面可持续发展目标的实现。普通民众也被邀请为《欧盟生态指令 2009/125/EG》的重新编写出谋划策。

欧盟在 2020 年发布了《新循环经济行动计划：创造一个更清洁和更具竞争性的欧洲》，旨在让可持续产品"常态化"，让消费者选择可持续的消费方式，通过向更可持续的产品模式转型以及在生产过程实现循环利用，保证更少的浪费，涵盖包括电子和信息通信技术、电池和车辆、包装、塑料、纺织品、建筑住房以及食品、水和营养物质等在内的主要商品价值链。2021 年，欧盟委员会提议修订电池指令，拟对电池（从小型家用电池到大型车用电池和工业电池）的原料采购和设计以及废旧电池的处理等进行进一步全面规范。

为实施该新循环经济行动计划，关于纺织行业的规定也正在审议中。纺织业在全球范围内造成了很大的环境和社会影响。在快速时尚逐渐流行之际，人们越来越担忧纺织业产生的影响，包括水资源和土地利用、有害气体排放、塑料垃圾、纺织废料以及众多发展中国家面临的人口健康和工作条件相关问题。欧盟计划在 2021 年底前发布一项纺织品战略，采取整体手段，并涉及纺织品的全生命周期，包括天然纤维的培养以及废旧纺织品收集与其再利用/回收的分离，旨在减少对纺织品供应链的负面影响，同时加强纺织品的循环利用、持久利用和再利用。该战略可能会明确如何利用指标等工具服务新纺织品中的再回收成分或可持续公共采购。从 2025 年起，欧盟废弃物管理法将要求对纺织品进行专门回收。

（2）可持续食物系统

欧洲"从农场到餐桌"战略是"绿色协议"的一个关键组成部分，它有助于可持续食物系统的形成，包括可持续农业、让健康和可持续的选择变得简单的食物环境，以及让消费者选择健康饮食和社会及环境友好型食物的可持续食物标签框架。它涉及食品安全，推进可持续的食品的加工、批发和零售，以及医院和餐饮行业的服务培训，最终目标是改善食物浪费现状。该战略对实现气候中性和减少其他环境外部效应具有重要意义。

四　国际经验对中国的启示

在当前由消费主导的社会中，要实现可持续消费这一目标，任重道远。全球废弃物危机不断加剧，污染着土地与海洋，危害着人类健康，损害着环境，需要下更大力气遏止。中国政府能够为了全人类的福祉采取措施，通过推进可持续的行为方式，避免公地悲剧。西方社会强调个人主义，培育了利己化的社会结构；中国则倾向于采用集体主义（分担责任）。从理论上讲，集体主义更符合可持续消费推崇的方式，即强调社区建设和信任、共享繁荣、共享经济，并倾向于接受对所有人都公平的解决方案。

（一）制定可持续消费政策可采用三管齐下的策略

可参考消费和生活方式的决定因素，用于谋划设计政策与其他干预措施：在消费者、企业和机构以及政府中形成支持可持续发展的态度；建立能够促进可持续行为、限制不可持续行为的引导机制；为实现可持续生活方式建设适宜的基础设施、提供合适的产品。根据"态度—引导机制—基础设施"这一框架设计的干预措施能够解决以下问题：态度与知识—行为之间存在的差距，受到现行体系与基础设施锁定效应制约的行为。

态度可以指倾向于可持续发展的个人取向和集体社会价值观。这包括生产—消费系统内全部利益相关者的态度，以及那些影响生产—消费系统或受其影响的人——消费者、企业家、决策者、法律从业者、农民、社区领导人、政治家和教师——的态度。所有行为主体都需要认识到可持续消费的重要性，并齐心协力推动实现可持续消费。言外之意，对这些因素负有职责的所有机构都应该参与创造可持续的生活。

引导机制是将知识或意图转化为行动的各种要素——它们能够帮助人们更容易地找到并选择可持续的产品与服务。政府法律和政策就属于引导机制。最被广泛认可的引导机制是制度因素，即引导选择和行为、共同构成社会运行系统的各种软性的且通常是无形的因素。此类引导机制的例子包括法律和法规、行政程序、文化和规范以及市场。这是政府可以发挥决定性作用的一个领域——也能确保实施机制、适当的指标和监测系统全部到位。

基础设施对可持续性有很大影响。诸如交通和住房等基础设施具有重要性，部分在于其能够产生"锁定"效应，即让使用这些基础设施的人们按照某种预先确定的方式行事，直至这些基础设施消亡。针对可持续消费的基础设施应解除对不可持续行为模式的锁定效应。对供给制度与默认设置的设计，必须考虑可持续性因素。配置日常生活所需的基础设施时应在整体上减少生态影响。举例来说，可以在工作区域附近设置城市规划区（降低通勤成本），在其中修建被动式房屋（使用可持续材料建造，低能耗），并在其中发展地方手工业与社区农业。足迹分析确认了与日常生活相关的四大关键领域，在这些领域内，消费对环境的影响超过 75%。这四大关键领域为：食品、交通、住房和制成品。此外，影响较大的还有工作和休闲等交叉领域。把重点放在这些领域，充分利用态度—引导机制—基础设施框架，通过实施政策就能够大幅度减少环境影响。

制定政策重要的是要基于中国的国情来明确可持续消费的主要政策目标。一个较为完整的可持续消费规划应包括如下几点。

1. 将可持续消费和生产纳入国家发展规划和产业政策中

中国政府应优先考虑把可持续消费纳入国家发展规划中，例如，国家可持续发展规划、国家绿色增长和绿色经济战略，以及国家 SDG 战略规划等。将可持续消费纳入国家发展规划的优势在于可以使影响和改变消费者的行为不再是孤立的问题，国家可以从更加广泛的发展层面来解决。由于消费和生活方式不仅涉及不同的软性议题（包含教育、健康因素），也包括硬性议题（包括产业和基础设施），因此，一个更加全面的、协调一致的国家战略是十分必要的。建立一个推动可持续发展的政府部门也会起到积极的作用。例如，2007 年，匈牙利议会设置了面向未来的监察专员，当国家政策导致过度消费并危及未来社会时，该专员有责任在议会辩论中建言献策。英国也有类似的政策主张，将可持续消费融入部门政策中，例如，在能源和资源、运输、健康和住房等部门，统筹考虑可持续发展的概念。

2. 由线性经济向循环经济的逻辑转变

政府部门、大型企业、行业协会和学术机构可以利用各自的力量推动绿色消费。在线性经济中，原材料用于制造产品，并且在使用之后废弃（例如包装）。在循环经济中，经济发展基于回收和材料的再利用。为了确保将来有足够的原材料用于生产食品、建造住所、供暖等，我们的经济必须实行循环发展方式，即必须通过提高产品和材料的使用效率，重复利用原材料来防止浪费，实现可持续发展。在循环经济发展模式中，制造商将产品设计为可重复使用的产品。例如，电气设备的设计便于维修，产品和原材料可以重复使用，餐馆和快餐店将不再使用一次性塑料杯、餐具而是提供可重复使用的容器（例如由再生纸制成）和器具（例如废木制成）。从供应链向价值循环的转变意味着商业企业的重点是长期发展。商业企业的成功不是以短期利润来衡量的，而是以长期可持续性和创新来衡量的。

3. 推行生产者责任制度和绿色供应链

在某种程度上，大型跨国公司需要供应链中的可持续生产和消费，通过物质使用和废物流量的巨大变化，才能实现价值创造。某些中国企业通过其供应链跨越国界，这导致巨大的全球生态足迹。为此，应该鼓励生产可持续使用的产品和具有高回收材料价值的产品。要求企业发布由独立机构监控的可持续生产和消费报告。企业需要展示它们计划如何改进其产品和服务的可持续性，并坚持实现这些目标。政府可以要求企业将与其产品相关的废物减少一定比例，随着时间的推移而提高要求。在德国，企业必须支付回收产品废物的费用，这是企业减少不必要包装和在包装中更多地使用再生材料的强大动力。政府可以提供激励措施以提高再生材料在产品制造中的使用率，并要求企业对产品完成可持续性标识认证。日本和欧盟对与其能源效率相关的企业产品使用领跑者模式，有很大的借鉴意义。

4. 建立贸易资源数据库

目前还没有全球的贸易资源数据库。作为世界上最主要的贸易进出口国之一，中国的消费具有巨大的全球影响力。建立以消费为基础的环境影响数据库将有助于跟踪中国消费的国际生态足迹。环境扩展的多区域投入产出分析可用于确定中国消费的全球环境影响。

5. 激励可持续性投资

银行等金融机构的投融资绿色化在推动可持续发展方面作用显著。可以给予绿色投资税收优惠。银行应该被鼓励将可持续发展的需求与SDG的目标相结合。同时，银行将可持续发展纳入其借贷政策当中，同时在政府支持的贷款项目中强制执行。政府养老金应将可持续发展的需求纳入其投资决策中。

6. 发起可持续生活方式运动

政府可以倡导可持续生活方式运动，鼓励公民参与其中，通过艺术形式表现可持续生活方式的外延与内涵，让公民充分感受到可持续的福祉；为公民、政府、企业和其他部门提供工具包和指南，使他们能够对可持续生活方式采取战略行动；鼓励各类集体活动中的公民践行可持续的生活方式；在个人和组织层面激励绿色消费主义（对污染行为征税，鼓励回收和再利用）；让社区合作实现无废生活和最佳回收利用；为不可持续的产品开发"非生态"标签，以此向不可持续产品的生产者施加压力。

7. 制定可持续发展幸福指标体系

《21 世纪议程》呼吁"新的国民账户体系和其他可持续发展指标"，包括财富和繁荣的新概念，通过改变生活方式允许更高的生活水平，更少地依赖地球的有限资源，更符合地球的有限资源、地球的承载能力。相关举措的例子包括：可持续发展指标（英国）、国民幸福总值（不丹）、修正 GDP（法国经济绩效和社会进步衡量委员会，或称为斯蒂格利茨委员会）、幸福指标（日本），以及人类发展指数（联合国开发署）、更好的生活指数（经合组织）、幸福星球指数（新经济基金会）、生态足迹（足迹网络）和真正的进步指标（国际发展重新定义组织）。中国可吸收借鉴这些努力，与和谐幸福生活的价值观联系起来。可持续消费可带来双重红利：减少过度的物质消费且环境可持续，同时给人们带来幸福感。向可持续消费的转变也可以用来解决不平等问题，并促进更公正的社会和经济发展。

8. 保护并奖励传统的可持续发展知识和实践经验

吸收传统知识，促进本土可持续发展，以适宜的可持续和非消费主义生活方式保护可持续的传统工艺、实践和社区。鼓励开展社区林业管理，推广返璞归真的田园生活方式，规定（长期）

产品保修期的最低年限以确保产品维修性，在购物中心为"二手货"商店、维修商店和以物易物商店保留一定比例的交易空间。建立 DIY 的能力建设和生活技能提升中心（例如，缝纫、园艺、金融常识等）。

9. 解决不平等问题

不平等问题不仅是不可持续消费的诱因，也造成了对生态系统的依赖和破坏，引发了社会和政治的紧张态势。减少不平等会减少引发消费主义的社会矛盾。解决不平等问题涉及如下几点。①开发渐进式收费系统，例如，渐进式税收，包括收入、贫困和奢侈品的税收政策；为基础服务提供免费和补贴政策。②为低收入群体提供免费或有补贴的服务。芬兰目前正在实验为所有公民提供基本收入，引导社会由消费转向更有创意的活动来提升社会的幸福感。③保护中小企业，保护传统手工艺；建立面向当地农民和手工业者的认证和执照体系；强制本地农产品优先进入城市市场。

10. 与社会组织建立合作关系

社会组织可以推动变革。在欧洲和北美兴起的消费者组织发出信号，让公众意识到当前的市场是以追求利润优先而不是消费者福祉为先。例如，法国的 Test Achats、英国的 Whick？Uk、荷兰的 Consumentenbond、德国的 Stiftung Warentest，这些消费者权益保护组织引导社会关注产品价格、质量、权益保护，从广义上要求市场注重负责任、可持续消费，发挥积极作用。

本章节研究主要参与人员：

Charles Arden-Clarke, Head of the 10YFP Secretariat, UN Environment

Eva Ahlner, Senior Advisor, Swedish Environmental Protection Agency

Ulf Dietmar Jaeckel, Head of Division, Federal Ministry for the Environment, Germany, Nature Conservation and Nuclear Safety (BMU)

Hideki Minamikawa, President, Japan Environmental Sanitation Center

Vanessa Timmer, Executive Director, One Earth

Lewis Akenji, Executive Director of SEED

Mark SANCTUARY, IVL Swedish Environmental Research

Carla MOONEN, Royal Dutch Association of Engineers

Miranda SCHREURS, Professor of Climate and Environmental Policy, Technische Universität München (TUM)

Mushtaq Ahmed MEMON, UN Environment, Asia Pacific Regional Office

韩国义，斯德哥尔摩环境研究所高级研究员

第一阶段2019年课题组成员

中外组长：

任　勇，中方组长，研究员，生态环境部环境发展中心主任

罗姆松，外方组长，国合会委员，瑞典前副首相、气候与环境大臣

范　必，中方副组长，研究员，国务院研究室司长

张建宇，外方副组长，研究员，美国环保协会副总裁

中方成员：

祝宝良，国家信息中心经济预测部主任

周宏春，国务院发展研究中心副巡视员

张建平，商务部研究院学术委员会副主任，区域研究中心主任

俞　海，生态环境部环境与经济政策研究中心战略部主任

张小丹，中环联合认证中心总经理

李继峰，国家信息中心经济预测部副处长

外方成员：

Dr. Lewis AKENJI, Institute of Global Environmental Strategies（IGES）

Dr. Mark SANCTUARY, IVL Swedish Environmental Research

Mrs. Carla MOONEN, Royal Dutch Association of Engineers

Dr. Miranda SCHREURS, Professor of Climate and Environmental Policy, Technische Universität München（TUM）

Dr. Mushtaq Ahmed MEMON, UN Environment, Asia Pacific Regional Office

Dr. Vanessa Timmer, One Earth

协调员：

陈　刚，中方协调员，生态环境部环境发展中心国际处处长，博士

曾悦玲，外方协调员，斯德哥尔摩环境研究所，助理研究员

支持专家：

刘清芝，中环联合认证中心副总经理

温志超，国家信息中心经济预测部，博士

刘　桓，商务部国际贸易经济合作研究院，博士

高雨禾，美国环保协会项目官员

周才华，中环联合认证中心气候部主任

王　勇，生态环境部环境与经济政策研究中心，副研究员

孟令勃，中环联合认证中心工程师

　　＊本课题/专题政策研究项目组中外组长、成员以其个人身份参加研究工作。

第二阶段2020年课题组成员

中外组长：

任　勇，中方组长，研究员，生态环境部环境发展中心主任

罗姆松，外方组长，国合会委员，瑞典前副首相、气候与环境大臣

张　勇，中方联合组长，中央财经领导小组办公室秘书局局长

范　必，中方联合组长，国务院办公厅督查室督查专员

张建宇，外方副组长，研究员，美国环保协会副总裁，北京代表处首席代表

中方成员：

俞　海，生态环境部政策研究中心战略部主任

周宏春，国务院发展研究中心副巡视员

王仲颖，发展改革委能源所所长

郭焦锋，国务院发展研究中心资环所研究员

李继峰，国务院发展研究中心资环所副研究员

黄永和，中国汽车技术研究中心资深专家/政研中心负责人

张小丹，中环联合认证中心总经理

赵　芳，环境发展中心环境管理研究所所长

外方成员：

Eva Ahlner，Senior Advisor，Swedish Environmental Protection Agency

Ulf Dietmar Jaeckel，Head of Division，Federal Ministry for the Environment，Germany，Nature Conservation and Nuclear Safety（BMU）

Lewis Akenji，Executive Director of SEED

Hideki Minamikawa，President，Japan Environmental Sanitation Center

顾问：

陈卫东，民德智慧能源研究院院长

Charles Arden-Clarke，Head of the 10YFP Secretariat，UN Environment

Miranda Schreurs，Professor of Climate and Environmental Policy，Technische Universität München（TUM）

Mushtaq Ahmed Memon，UN Environment，Asia Pacific Regional Office

Vanessa Timmer，Executive Director，One Earth，

协调员：

　　陈　刚，中方协调员，生态环境部环境发展中心国际处处
　　　　　长，正高工

　　韩国义，外方协调员，斯德哥尔摩环境研究所，高级研究员

支持专家：

　　赵勇强，国家发改委能源所可再生能源中心主任

　　刘　斌，中国汽车技术研究中心首席专家/政研中心副主任

　　李　楠，WWF 北京代表处环境政策项目主任

　　吕　婧，沃尔玛（中国）高级总监

　　房　莹，沃尔玛（中国）可持续发展负责人

　　刘汉武，湖北碳排放权交易中心总经理

　　董　瑶，亚洲空气研究中心助理副主任

　　霍潞露，中国汽车技术研究中心政研中心高工

　　王　佳，中国汽车技术研究中心政研中心高工

　　刘海东，环境发展中心环境管理研究所副所长

　　甘　晖，国务院发展研究中心资环所博士

　　钱立华，兴业研究绿色金融分析师

　　王　颖，美国环保协会项目经理

　　蔡紫珮，湖北碳排放权交易中心低碳发展事业部经理

　　刘清芝，中环联合认证中心副总经理

　　周才华，中环联合认证中心气候部部长

　　王　勇，政研中心助理研究员

　　孟令勃，中环联合认证中心工程师

　　颜　飞，生态环境部环境发展中心国际处项目官员

曹丹丹，中环联合认证中心工程师

　＊本课题/专题政策研究项目组中外组长、成员以其个人身份参加研究工作。

第三阶段2021年课题组成员

中外组长：

　　任　勇，中方组长，研究员，生态环境部环境发展中心主任

　　罗姆松，外方组长，国合会委员，瑞典前副首相兼气候与环境大臣

　　张　勇，中方联合组长，中央财经委员会办公室秘书局局长

　　范　必，中方联合组长，中国国际经济交流中心特邀研究员

　　张建宇，外方副组长，美国环保协会副总裁、北京代表处首席代表

中方成员：

　　俞　海，生态环境部环境与经济政策研究中心环境战略部主任

　　周宏春，国务院发展研究中心副巡视员

　　李继峰，国务院发展研究中心资环所能源政策研究室副主任

　　黄永和，中国汽车技术研究中心总师办副主任，资深专家

　　张小丹，中环联合认证中心总经理

赵　芳，生态环境部环境发展中心环境管理研究所所长

周长波，生态环境部环境发展中心绿色低碳发展研究与促进
　　　　中心副主任

刘晓洁，中国科学院地理资源所副研究员

外方成员：

Eva Ahlner, Senior Advisor, Swedish Environmental Protection
　　Agency

Ulf Dietmar Jaeckel, Head of Division, Federal Ministry for the
　　Environment, Germany, Nature Conservation and Nuclear
　　Safety（BMU）

Hideki Minamikawa, President, Japan Environmental Sanitation
　　Center

Miranda Schreurs, Professor, Technische Universität München
　　（TUM）

外方顾问：

Vanessa Timmer, Executive Director, One Earth

Charles Arden-Clarke, Head of the 10YFP Secretariat, UN
　　Environment

Mushtaq Ahmed MEMON, UN Environment, Asia Pacific
　　Regional Office

协调员：

陈　刚，中方协调员，生态环境部环境发展中心国际合作处

处长

韩国义，外方协调员，斯德哥尔摩环境研究所高级研究员

支持专家：

董　瑶，亚洲空气研究中心助理副主任

刘　斌，中国汽车技术研究中心首席专家，政研中心副主任

刘清芝，中环联合认证中心副总经理

刘海东，生态环境部环境发展中心环境管理研究所副所长

王　勇，生态环境部政环境与经济政策研究中心环境战略部
副主任

霍潞露，中国汽车技术研究中心政研中心高工

王　佳，中国汽车技术研究中心政研中心高工

周才华，中环联合认证中心气候部部长

薛靖华，中环联合认证中心气候部副部长

崔　奇，生态环境部环境与经济政策研究中心环境战略部助
理研究员

杨　静，生态环境部环境发展中心环境管理研究所工程师

王　颖，美国环保协会项目经理

颜　飞，生态环境部环境发展中心国际处项目官员

孟令勃，中环联合认证中心工程师

宋　爽，中环联合认证中心技术专家

王晓萌，中环联合认证中心项目经理

＊本课题/专题政策研究项目组中外组长、成员以其个人身
份参加研究工作。

Key Conclusions and
Policy Recommendations

2019:

1. Since China's Reform and Opening-up was initiated 40 years ago, leading to economic and social development, dramatic changes have taken place in both urban and rural residential consumption. This is visible in terms of the volume of consumption and its structure and patterns. Unprecedented features have revealed themselves, including: (1) the volume of consumption continues to expand rapidly, with huge space for further growth of residential consumption; (2) the consumption structure is shifting from being subsistence-based to consumption beyond basic needs (a well-off model), with an increasingly diversified consumption pattern; (3) consumption has contributed a soaring share to economic growth and become an important engine for economic development. At the same time, consumption activities have posted growing pressures on resources and the

environment; consumption demand for resources and energy continues to grow steadfastly; irrationally excessive and wasteful consumption patterns have exacerbated resource and environmental problems; and consumption has become one of the major sources of environmental pollution and greenhouse gas emissions.

2. Consumption has become an obstacle and restrictive factor for China in its efforts to promote its overall green transition. Since 2004, the extent of green transition in China has progressed year by year. The green transition in both the production and consumption sectors has continued to progress upwardly through 2008. However, the trend curve has gradually flattened and shown fluctuations since 2008. In general, the green transition in the production sector has shown continuous improvement, and played a positive supporting role in boosting a comprehensive green transition. On the contrary, the green transition in the consumption sector has exhibited an obvious downward trend since 2008 and the abatement in the consumption sector exceeded the improvements made in the production sector in 2011. It can be said that the improvements in efficiency gained by the green transition in the production sector failed to offset the negative impacts on resources and environment caused by the expansion in the amounts being consumed. Consumption now restrains overall continued progress towards a green transition. Making substantial progress towards a green transition in the consumption field will play a decisive role in the implementation of the overall green transition and in realization of high-quality development in China.

3. Green consumption can promote the green transition through multiple transmission mechanisms. The greening of consumption will lead

and enforce the greening of production. The adoption of green concepts and measures will lead to changes in consumption volume, pattern, structure, quality, and preferences, and these in turn will inevitably be transmitted to the production field. This will affect the allocation of factor resources and lead to improvements in production pattern, adjustments in product structures and promotion of product quality. Green consumption is core to fostering a green lifestyle and can effectively push behavioral changes in the general public. Green consumption activities can convey and communicate green concepts and requirements into all aspects of public life, and guide and motivate the public to actively practice green concepts and requirements. In this way it can contribute to cultivating green lifestyles nationwide, and improve the governance system of the green social transition.

4. Green consumption can become a new driving force for the green transition. The demand for green consumption and a green market in China continues to expand, with constant upgrading in the quality of residential consumption, a growing variety of green consumer goods and services, continuous escalation in the number and size of green consumer groups, and an ever-rising willingness for green consumption. The green transition and upgrading of consumption can lead to innovation efforts in supplying green eco-labelled products and services and those making use of eco-labels; and the supply of green products and services and those with eco-labels can create new green consumption demand. Such benign interactive cycles between green production and consumption and green supply and demand can serve as a new driving force for boosting economic prosperity by facilitating green growth in the economy, adding new employment

channels and platforms, and promoting the structural reform on the supply side. They can also serve as the endogenous conditions necessary for improving eco-environmental quality by drastically reducing resource consumption and environmental degradation, and in this way creating a win-win scenario for the environment and economy.

5. Green consumption is conducive to accelerating the modernization of the eco-environmental governance system. The set-up of institutional mechanisms to guide and prioritize the green consumption model can be very beneficial. First, they can expand the eco-environmental governance system from the production field to the consumption field, thus widening the coverage of eco-environment governance and adding new incentives and voluntary leadership in this area. They are conducive to building an institutional system featuring equal emphasis on both incentives and constraints. Second, as consumption is a basic behavior choice made by the public, green consumption can enable the public to truly participate in the environmental governance process. Consequently, people's green consumption behaviors and their choice of green products and products with eco-labelled products can catalyze enterprises to improve environmental performance and increase green and eco-labelled products and green production supply. This is a practical way to spontaneously involve public participation in eco-environmental protection. Third, a green transition at the consumption end can be transmitted into production processes through the creation of a green supply chain, in which enterprises with leading green performance in the industrial chain can help manage enterprises that are not so green ("green-backward" enterprises). This can help blaze new ways of eco-environmental governance and improve the related system.

6. Such factors as residents' views on consumption, income level, consumption preferences, public policies, supply quality and the price level of green and eco-labelled products are crucial to promoting green consumption. Strengthening consumers' familiarity with green consumption and enhancing environmental awareness and environmental knowledge can effectively improve their ability to recognize the value of green products and services, and indirectly affect their green consumption behavior. Public policies mainly affect consumers' individual cognition of the environment and green consumption, and ultimately affect their attitudes towards green purchasing, green products use and waste disposal. The supply price level of green and eco-labelled products will affect the level and popularity of green consumption. It is also necessary to regulate the green consumer goods market and ensure the quality of products and services, so as to form a virtuous circle between green supply and green consumption. Technological progress has an important impact on residents' green consumption level.

7. By and large, China's green consumption policies pertinent to clothing, food, housing and transportation have achieved positive results, yet there is still room for improving the implementation of some green consumption policies. In terms of policy frameworks and practices, there are a number of green consumption policies but they are fragmented and have not been integrated into a systematic and effective policy framework. Specific observations can be made: (1) There is a lack of systematic planning and top-level design. Most green consumption policies are conceptual, guiding and voluntary in nature, with incomplete categories, limited policy impacts and enforcement efficacy, and insufficient

operability. (2) In relation to green consumption policies, the most emphasis is placed on resource and energy conservation; less attention is given to eco-environmental protection. There are insufficient economic incentives in these policies, leading to limited regulation effectiveness. (3) Government functions and responsibilities related to green consumption are scattered in different agencies. The role of environmental authorities needs to be strengthened. The fragmentation of policies and management is quite prominent. If no systematic design and integration of related policies occurs, the environmental and economic effects of green consumption will be greatly weakened.

8. The timing and conditions are right for incorporating green consumption into the national 14th Five-Year Plan. China has a window of opportunity to promote a green transition in consumption, marked by the following features: (1) consumption is undergoing a comprehensive transition and upgrading, leading China from a subsistence-based model of consumption to consumption patterns of a well-off society; (2) residents' consumption patterns are changing significantly and willingness to engage in green consumption is growing; and (3) consumption is playing an ever-growing role in stimulating the economy. It is a critical moment in which new consumption habits and models in society can be formed. China exhibits a strong political will in support of a green consumption transition. Chinese President Xi Jinping articulated the necessity of promoting a green development pattern and green lifestyles in May of 2017. The Chinese government has provided powerful guidance for how to take action for the enhancement of green lifestyle and green consumption. China's activities promoting a green transition of consumption are propelled by an

increasingly mature social foundation and good practices. The general public has witnessed a dramatic rise in environmental awareness as well as awareness of the possibilities of participation and the safeguarding of environmental rights. They show an ever-increasing desire for and expectation that they will be able to enjoy a sound-quality life. Together this constitutes the social foundation for pushing forward green consumption. Meanwhile, China has built some effective policy and practices which serve as a foundation for green consumption. There are also many inspiring practices from the international community to take as reference. It is of great importance for China's overall high-quality development and ecological civilization construction that this precious window of opportunity be seized. It is a critical period for giving timely guidance which can accelerate the formation of resource-efficient and environment-friendly consumption patterns and lifestyles.

2020:

I . Fully considering the plans to advance high-quality development, Ecological Civilization, and post - COVID - 19 pandemic green recovery, the Chinese government should give green consumption and lifestyle a prominent strategic position on its agenda and comprehensively promote relevant practices through the implementation of the 14th FYP. There are at least six reasons to support this recommendation.

First, acknowledging the scale of the country's consumption, China plans to comprehensively transform consumption through quality upgrading. This will be a window of opportunity for fostering a new green consumption and lifestyle model. Lessons from other industrialized countries suggest that should this window be missed, it will be difficult to reverse a situation where a pattern of mass consumption and mass waste disposal forms.

Second, quantitative assessments have found that, since 2012, the decline in the resource and environmental performance of the consumption sector in China has partially offset improvements made in the resource and environmental performance of the production sector, thereby slowing down the speed of the country's green economic transition. With expanding consumption, growing pressure on natural resources and the environment can be expected to intensify. Precaution is needed to counter this tendency.

Third, in recent years, final consumption has maintained its place as the top driving force fuelling China's economic growth. As CGE models show, green consumption can be expected to have long-term positive effects on economic growth and employment. Achieving green consumption in the clothing, food, residential, and mobility sectors would act as a new driving force, providing momentum for speedy growth in related industries. Greening of food manufacturing, a transition to electric automobiles, and the greening of wholesale and retail practices will have the most significant pulling effects on green development in corresponding industries. This conclusion suggests crucial elements for a green recovery from the COVID-19 pandemic.

Fourth, a good social foundation is ready for China to fully boost the formation of green consumption. As shown by the *Survey Report on the Status of the General Public's Green Consumption in China* (2019), the concept of green consumption is becoming increasingly popular in the public's understanding of daily consumption. Around 83. 34% of respondents expressed support for green consumerism, and 46. 75% of these were "highly supportive. " According to the *Report on Green Consumption Trends and Developments 2019*, the year-on-year increase in the sales volume of green consumption related products on JD. com was 18% higher than the overall sales increase of all products on the platform in 2019. In the face of the COVID – 19 pandemic, an unprecedentedly large share of the public is reflecting in a profound way on the human-nature relationship; this will further enhance people's willingness to consume in a greener way.

Fifth, consumption is an activity all citizens and groups engage in. Green consumption is a concrete action that can be taken by everyone in order to contribute toward building an Ecological Civilization. Promoting the formation of green consumption and lifestyles is doubtless an effective approach towards a governance system to be built, governed, and shared by all.

Sixth, internationally the European Union (EU) and countries such as Germany and Sweden have incorporated sustainable consumption into their overall development strategies as a new engine for economic growth and improvement of people's well-being.

Therefore, China should seize the window of opportunity to upgrade and transform consumption patterns, incorporating concrete green consumption and lifestyle actions and green development practices into the development of 14th FYP and thereby translating the central government's strong political will to accelerate the formation of Ecological Civilization over the next five years.

II. Establish goals and indicators for China to promote green consumption during the 14th FYP

At present, China has not yet established an explicit system of medium- and long-term goals and definite monitoring and evaluation indicators that are specific to green consumption. Taking into account existing progress in the development of green consumption policies and practices, as well as the requirements for achieving high-quality development and the building of an Ecological Civilization, it is recommended that the overall goals for China to accelerate green consumption during the 14th FYP period should adhere to the philosophy of Ecological Civilization, substantially improve the level of green consumption, and speed up the formation of green production patterns to foster a novel internal impetus for eco-environmental quality improvement and high-quality development. More specific targets may include a significant increase in the awareness of green consumption throughout society, a substantial increase in the supply of green consumer products, the preliminary formation of a green and low-carbon consumption pattern and lifestyle, and a fundamental green consumption policy system that makes use of both incentives and constraints.

Drawing on the UN 2030 Sustainable Development Goals on Consumption, and with reference to the experiences and learnings in such countries as Germany and Sweden, China should establish a green consumption indicator system, making use of both qualitative and quantitative methods, in order to monitor and evaluate the overall status and level of green consumption. Such an indicator system can also be used to follow up corresponding target values during the 14th FYP period. Green consumption indicators can be divided into an overall index and domain-specific indicators. The overall index could be composed of indicators for changes in per capita CO_2 emissions from daily life, daily domestic water consumption per capita, the output value of major green products, the government's green procurement ratio, etc. Domain-specific indicators could be established for clothing, food, residential, mobility, household appliances, and tourism sectors to reflect their resource demands and environmental performance, making use of the best available data.

III. Promoting green consumption in the clothing, food, residential, mobility, household items and services, and tourism sectors during China's 14th Five-Year Period.

The clothing, food, residential, mobility (including communications), and daily utility products (household items and services) sectors account for 76% of individual consumption in China. As shown by the analysis from the CGE model built by the SPS team, this structure will not change significantly in the next 15 years. The above-mentioned five areas are the ones with the largest resource and environmental impacts among all domains of individuals' consumption. For every one unit of green product consumed, the economic output coefficient is 2.5 for the food sector, 3.0 for the residential sector, 3.8 for household items and services, and 2.7 for mobility and communication. These figures show the strong positive contributions these areas can have for the economy and environmental performance. Germany, Sweden and like-minded countries have identified food, housing, and mobility (including tourism) as key areas for sustainable consumption, based on their respective Greenhouse Gas emission contributions.

To this end, China should designate clothing, food, housing, mobility, household appliances, and tourism as key areas for promoting green consumption during the 14th FYP period and beyond. The main tasks will be to give priority to increasing the effective supply of green products and services in related fields while boosting the practice of "reduce, reuse and recycle." Steps to do this are to:

(I) **Promote a green diet.** Initiate anti-food waste actions covering the entire food chain from storage to transportation, retail to the dining table; implement comprehensive plans for green take-out for the catering industry; unify and strengthen green and organic food certification systems and standards; and expand the supply of green food.

(II) **Promote green buildings.** Steer cities and localities with adequate capacities towards fully applying green building standards for new buildings and expand the scope where green building is mandated. Push forward the application of green building standards in the renovation of old communities. Implement an action plan for the production and use of green building materials; promote the comprehensive design, construction and operation of green buildings; strengthen environmental labelling, especially energy-efficiency labelling and certification for green household appliances; and enhance the effective supply of energy-efficient green household products.

(III) **Promote green mobility.** Encourage the use of low-carbon or net-zero transport modes such as walking, cycling, and public transportation; strengthen efforts to promote new energy-efficient automobiles; encourage the use of new and clean energy vehicles in expanding and upgrading fleets for public transportation, sanitation, taxis, commuting, urban express mail services, and urban logistics; reinforce the promotion and use of new energy vehicles in such areas as national Ecological Civilization pilot zones and key areas for air pollution prevention and control.

(IV) **Promote green household appliances.** Encourage consumers to choose green products such as energy-efficient household appliances, high-efficiency lighting products, water-saving utensils, and green building materials. Encourage businesses to provide reusable, durable, and maintainable products and enable consumers to choose such products. Support the development of a sharing economy. Encourage the effective recycling of personal resources not being used; improve the recycling system of social renewable resources; boost greening, reducing, and recycling practices in express packaging; strictly implement the government's priority procurement and mandatory procurement system for energy-saving and environmentally friendly products; and expand the scope and scale of green government procurement.

(V) **Promote green clothing.** Carry out " zero-discard" activities and "clothes reborn" activities for old and used clothes. Boycott fur and leather products made of rare animals to conserve biodiversity. Support and facilitate textile and apparel companies so they can build green supply chains. Improve the recycling and reuse of waste and old textiles in earth structures, building materials, automobiles, and home decoration sectors. Enhance the efforts in environmental labelling and certification of textiles and apparel. Substantially increase the effective supply of green textiles and apparel.

(VI) **Promote green tourism.** Develop and publish green tourism and consumption conventions and guidelines. Encourage tourist hotels, restaurants, and management agencies in scenic areas to introduce incentive measures for green tourism. Formulate and/or revise appraisal rules and standards for green services, including *inter alia* green markets, green hotels, green restaurants, and green tourism. Star-rated hotels and chain hotels should gradually reduce the free provision of disposable toiletries and supplies and pilot demand-oriented provision. Publish green tourism information on relevant tourism promotion websites and platforms and encourage consumers to bring their own toiletries. Endeavour to integrate biodiversity conservation into tourism-related standards and certification programs.

IV. Build a green consumption policy system with equal emphasis on both the supply side and demand sides, balanced use of incentives and constraints, and the principle that the system should be built, governed, and shared by governments, businesses, and consumers.

Consumption is an economic behaviour involving both supply and demand. The design of green consumption policy should respect economic principles. Consumption is a social behaviour that involves each and every member of society. Consumption is also a cultural behaviour, influenced by factors such as values and customs. The design of consumption policies needs to incorporate the clearly defined responsibilities and obligations of each actor and take into account incentive mechanisms, supervision and management, publicity and education, and so on.

The government should establish institutional arrangements for promoting green consumption by formulating legislation and standards. Encourage or mobilize consumers' willingness and behaviour to practice green consumption through industrial policies, fiscal and taxation policies, and price policies. Lead the constant increase in product and service quality by formulating and implementing standard systems of technology, products, quality, etc., and in particular, the "top runner" standards system. Guarantee the openness, fairness, and justice of the market, and regulate market operations via inspection, monitoring, and management.

Enterprises should facilitate the reduction of product prices through technological innovation to expand the supply of green products; practice eco-environmental responsibilities and corporate social responsibility (CSR); carry out such measures as product and service life-cycle assessment (LCA); green supply chain management, clean production, innovative business and consumer models and circular economy to reduce the negative environmental impacts in the life cycle of consumer products; emphasize a material reduction in the production of energy-saving, environmentally friendly, and low-carbon products; develop smart logistics and reduce the logistics costs of green consumer goods by system optimization and management of green consumer products (quantity and quality), brands, storage, transportation routes, and transport modes, so as to meet the needs coming from consumption upgrading.

In a context where sound incentives and constraints are in place, and with an enabling social atmosphere and favourable market environment, consumers will either consciously or unconsciously fulfill their responsibilities and obligations to protect the ecological environment, practice green consumer behaviour, and form a green lifestyle.

V . Establish green consumption promotion systems, mechanisms, and technical support institutions with clearly defined rights and responsibilities, and give full play to the unique role of women, youth, and social organizations in promoting green lifestyles.

The Chinese government should further define the role of government agencies, such as integrated economic management authorities, industrial/ sectoral management authorities, and administrative authorities for eco-environmental protection, in advancing green consumption. It should also develop a corresponding list of green consumption responsibilities for government departments and agencies and establish a cross-sectoral collaboration mechanism to create synergies. At the same time, China should set up a technical support organization that is dedicated to promoting green consumption and in charge of specific operations, including green consumption research, information disclosure, monitoring and evaluation, communication and education, capacity building, etc. Meanwhile, the role of social organizations such as the China Consumer Association in promoting green consumption should be highlighted and given full play.

China should give full play to the unique role of women and youth in promoting a green lifestyle. According to relevant surveys, 80% of household consumption decisions are made by women, and female consumers have become the pioneers and main force in green consumption. Young people are strongly positive toward ecological environment protection and green consumption, and thus are indispensable to furthering green lifestyle practices.

Gender-focused and youth-driven practices are quite common in countries like Germany and Sweden.

VI. Build on public reflection as a result of COVID-19 to launch a nationwide green consumption and new lifestyle campaign.

The government should leverage the positive roles that stars and social celebrities can have in demonstrating a green lifestyle to help green consumption become socially fashionable. Integrate the concept of green consumption into related education and training programs for various institutions at various levels, including families, schools, governments, and businesses. Strengthen awareness-raising efforts and incorporate green consumption initiatives into thematic publicity and education events, such as the National Energy-Saving Week, Science Promotion Week, National Low-Carbon Day, and Environment Day. Establish a green consumption incentive and penalty system for the general public; strengthen green consumption information disclosure and public participation; advocate simple, moderate, green and low-carbon production and lifestyles; oppose extravagant consumption, excessive consumption (waste), and irrational consumption; and raise awareness throughout society.

VII. Strengthen infrastructure and capacity building for green consumption.

Build a green consumption statistics database and carry out monitoring, data collection, and statistical and evaluation reporting on green consumption. Establish a national unified green consumption information platform to publish information on green products and services, improve transparency in green product production and consumption, and encourage stakeholders to recognize the credibility of green product and service certification/evaluation results. Strengthen capacity building and training on green consumption in government, social organizations, enterprises, and the general public; build multistakeholder partnership networks; and push forward the participation of multiple stakeholders.

VIII. Further develop a national green consumption action plan.

According to the experience of Germany, Sweden and other countries, in addition to the use of 14th FYP as an overarching instrument to lead related tasks, it is necessary to further develop a corresponding national action plan specific to green consumption. This should be a medium- and long-term action program to promote the formation of green consumption and lifestyle in a more comprehensive, in-depth, and systematic manner.

IX. Specific policy recommendations on green production and consumption that deserve close attention.

(I) Establish sound green building standards, and incorporate energy-saving and environmental protection requirements into the ongoing renovation of old communities in China to guarantee green renovation. The renovation of old

communities should be integrated into the creation of smart cities and waste-free cities. New buildings must thoroughly follow green building standards.

Statistics show that housing and residential expenditures account for 23. 5% of residents' consumption in China, and building energy consumption makes up over one third of the total societal energy consumption. China's existing buildings have nearly 60 billion square metres of floor area, more than 95% of which belongs to high-energy-consumption buildings, with per unit energy consumption 2-3 times higher than that in developed countries with the same climate conditions. The recovery rate of construction waste in China hardly reaches 5%, far below the level of 90% in developed countries. In addition, some predictions indicate that the growth rate of the cumulative residential area of old communities in China will accelerate significantly in the next decade. An SPS CGE model analysis shows that a moderate increase in green construction investments for the green renovation of old communities and new green buildings will have positive effects on economic growth, employment, and resource use and environmental conditions in the short term. Related research also reveals that green buildings can save about 30% in energy demand compared to conventional buildings.

Therefore, the Chinese government should attach great importance to the development of green buildings and seize the particular opportunity brought by the ongoing large-scale renovation of old communities to fully push forward green renovation. The goal of green innovation can be achieved by establishing and improving governance mechanisms for the renovation of old communities, improving the green standard system and supervision system, and employing such means as smart technologies to greatly improve the quality of the green renovation.

(II) Comprehensively study and formulate a policy system on green production and consumption for the automobile industry

The automobile industry has become the pillar industry of China's economy. Since 2009, the volume of car sales in China ranked top in the world for 10 consecutive years. At present, the number of employees in automobile-related industries has exceeded one sixth of the total employed population in China. However, the resource and environmental problems caused by the use of automobiles are becoming increasingly prominent. In 2017, the transportation sector in China accounted for 46% and 66% of the total national consumption of gasoline and diesel, respectively. In 2018, automobile-emitted NO_X amounted to 43.6% of the total NO_X emissions in the country; yet the contribution of the automobile sector to China's total NO_X emission reductions was less than 20%. Therefore, the automobile industry is an important area to promote green consumption and production.

From the perspective of fuel efficiency and pollution emission standards, the Chinese government has made significant progress in boosting the green transformation of the automotive industry in the areas of automobile consumption and production, transportation, and energy policies. In the field of new energy vehicles in particular, remarkable achievements have been made. According to the analysis from the SPS team, China's policies for the new energy vehicle industry are generally effective. Of all measures, purchase subsidies have made the highest contribution to the development of the new energy vehicle industry, with a ratio close to 50%; the purchase subsidy policies also have had the most significant effects on promoting technology progress, cost reduction, and market growth.

However, a green consumption and production policy system for China's auto industry has not yet taken shape. A number of issues have seriously hindered green consumption and production practices in the auto industry, such as the imbalance in tax collection, loose links with energy conservation and emission reductions, an overemphasis on subsidies for purchase, and so on. Corresponding reform should be directed to the establishment and improvement of a sound policy system covering the entire automotive industry chain to support green consumption and production. Specific actions should focus on the production process, the development and application of non-HFC (Hydrofluorocarbons) alternatives, and encouraging alternative technologies. In the procurement process, tax reform should be promoted to enhance the effect taxes can play in leading energy conservation and emission reductions, reducing the cost of purchasing green car products, and encouraging green consumption. With regard to actual use, efforts are needed to make green car products easier to use and reduce corresponding costs. In terms of vehicle scrappage and recycling, it is important to advance the improvement of battery recycling policies and standards, improve policies related to the remanufacturing industry, and enable the integrated development of the remanufacturing and insurance industries so as to facilitate the development of the remanufacturing industry.

In terms of tax reform, the following steps could be considered. From 2021 to 2025, gradually phase out the current purchase tax exemption policy for new energy vehicles. From 2026 onward, implement a preferential tax policy based on fuel consumption, and set up a dynamic policy adjustment mechanism to respond to changes in fuel consumption regulations. From 2031 to 2035, raise the threshold for preferential policies and introduce a punitive tax system.

(III) Strengthen the reform of the green power consumption market

By the end of 2019, the installed capacity of renewable energy-based power generation in China reached 794 million kWh, making up 39.5% of total installed power; renewable energy power generation amounted to 2.04 trillion kWh, accounting for 27.9% of the total power generation. It is anticipated that, by the end of the 14th FYP period (2021 – 2025), renewable energy-based power generation will approach 40% of China's total power generation.

Therefore, it is of great significance to create a green power consumption market and unlock the demand for green power from enterprises and other users. The following specific measures can be taken. First, promote the use of power purchase agreements (PPA) and virtual power purchase agreements (VPPA) to further articulate the specific rules and regulations for various power sources, including renewable energy, to be engaged in market-based transactions. Second, cut down improper administrative interventions from local governments, liberalize power generation plans and use plans, and respect users' choices. Third, facilitate market-oriented transactions between power users and clean energy-based power generation companies such as hydropower, wind power, and solar power. Fourth, improve the policy and market environment for various users to jointly develop and use distributed renewable energy-generated power. Fifth, gradually expand the pilot of direct trade of renewable energy-based power. Sixth, recognize the environmental attributes of renewable energy certificates to enhance enterprises' confidence in the trading market. Seventh, establish a communication platform that includes various stakeholders to strengthen communication and cooperation.

(Ⅳ) Formulate a national action plan for the development of a green logistics industry

As of the end of 2018, China's express delivery volume had reached 50. 71 billion pieces, more than the developed countries and economies of the United States, Japan, and Europe combined. In 2018, the express delivery industry consumed 50 billion pieces of express waybills, 24. 5 billion plastic bags, and 5. 7 billion envelopes, 14. 3 billion packaging boxes, 5. 3 billion woven bags, and 43 billion metres of tape, resulting in a cost of nearly 1. 4 billion yuan for waste disposal, including landfill and incineration. At the same time, transportation in China's logistics industry is still dominated by conventional fuel vehicles. Nearly 20 million vehicles are running for the logistics industry, consuming large amounts of gasoline and diesel while emitting pollutants.

Over the last few years, China has seen a number of good practices develop in green logistics, with promising experiences gained. However, in general, the lack of systematic policy support has been a chief factor restricting the development of a green logistics sector. Weaknesses include: corresponding legislation is lagging behind; management responsibilities are scattered in many government departments; responsibilities of relevant market players are unclear; existing legislative efforts focus more on macro-level guidance rather than concrete instruments; relevant standards, evaluation systems, and practical guidelines are missing; and inputs and the influence of pilot projects are not sufficiently strong. Therefore, policies to promote the development of a green logistics industry in China should be directed to the formulation of a special action plan at the national level as a package solution to the above policy issues, to comprehensively push forward the green development of the sector and systematically address the resource and environmental problems brought about by the booming growth of the sector.

(V) Fully employ digital technologies to support green and low-carbon lifestyles

In recent years, there have been lots of projects (platforms) to pilot and boost digital low-carbon lifestyles. Schemes (and apps), including Ant Forest, Carbon Generalized System of Preferences (CGSP), the Zero Carbon Group app, and the Bean Sprouts App, have achieved positive results in innovating tools and mechanisms to lead a low-carbon life. Among them, the enterprise-led Ant Forest and the government-led CGSP are characteristic.

Based on these kinds of experiences, and with the support of the government, China is capable of building a digital platform for a green and low-carbon lifestyle with national influence and unified applicable standards to support individual consumers and groups to follow green and low-carbon behaviour. Such a unified platform would tackle a series of difficulties faced by the existing independent, decentralized, spontaneously organized, small platforms. For example, due to the lack of special policy support, platforms solely operated by enterprises are often unsustainable.

Considerations of privacy and data security prevent current platforms from obtaining large volumes of information on effective emission reductions. Due to discrepancies in accounting standards for green and low-carbon activities and a lack of unified supervision, carbon emission reductions arising from users' low-carbon activities may be double-counted. A unified national digital platform can also provide technical support for large-scale green consumption actions by governments and groups, such as the carbon neutrality plan for conferences and events.

(VI) **Speed up the development of standards for green products and services, strengthen the certification and recognition efforts, and enhance the effective supply of green products and services**

Green products and services are the basis of green consumption. A priority should be placed on accelerating the development of standards for green products and services, including environmental labelling, energy conservation, water conservation, and green buildings, and reinforcing third-party, independent certification and recognition efforts. Green products and service standards and corresponding certification and recognition not only link the consumer to the producer but also leverage green consumption and green production. Thus, they deserve to be highlighted and given close attention.

(VII) **Public institutions such as government and state-owned enterprises should take the lead in green procurement and carbon neutrality actions to play a stronger demonstrating role**

Revise the Government Procurement Law to include major actors such as government departments, public institutions, and state-owned enterprises at all levels in the scope for green procurement. Expand the range of products and services for green procurement, and pilot the implementation of a mandatory green procurement system. Establish incentive policies to encourage other social organizations and businesses to practise green procurement. Pilot the establishment of carbon neutrality schemes for large-scale events (including conferences and sports competitions) by governments, public institutions, and state-owned enterprises at all levels, and encourage other social actors to take carbon neutrality actions. Support various carbon neutrality actions through the national digital low-carbon platform and establishment of a carbon neutrality fund.

(Ⅷ) Issue green consumption vouchers/coupons to stimulate and lead green consumption

In recent days, to spur consumption in the face of the COVID – 19 pandemic, local governments in Nanjing, Hefei, Hangzhou, Zhengzhou, and other cities in China have issued a variety of vouchers/coupons for food and beverages, supermarkets, rural tourism, and car subsidies, yielding positive results. For instance, as of April 9, 2020, the written-off vouchers in Hangzhou have amounted to 220 million yuan, resulting in consumer spending of 2.37 billion yuan, with a multiplier effect of 10.7 times. Recently, similar approaches have been used in the United States.

Based on these practices, it is necessary for China to study the feasibility of issuing green consumption vouchers/coupons, not only as a stimulus for green recovery in the face of the COVID – 19 pandemic, but also as a normal practice that includes various forms of vouchers. The vouchers can be given by governments, product manufactures and sellers, and even groups that are interested. The scope of preferential treatment will be limited to the consumption of green products and services to attract consumers with green targets so as to leverage green consumption. Groups that are willing to push forward green consumption should be encouraged to carry out pilot projects.

2021

I. China's "14th Five-Year" Plan has entered an "in-depth" green transition period with the promotion of green production and consumption patterns moving into a substantive stage of practice, and important changes will occur. There are at least five main features

First, as China steps onto the stage as a new and modernized great power having accomplished the goal of building an all-around well-off society, new themes are on the agenda dealing with high-quality development and the associated principles of innovation, coordination, greenness, openness and sharing. Green development is the core feature and gauging standard for high-quality development. Such strategic thought and principles will steer the direction, objectives and tasks of China during the "14th Five-Year" Plan period and beyond.

Second, compared with its predecessors, the "14th Five-Year" Plan for National Economic and Social Development and the Long-Range Objectives through to the Year 2035 have for the first time put green development into an individual chapter, identifying targeted requirements for green production and consumption while specifying further and higher requirements on resource and energy conservation, efficiency improvements, ecological conservation and environmental quality betterment. Specifically, they stipulate that the transition towards green production and green lifestyle shall take substantial effect in 2025; and green production and lifestyle will take shape extensively in 2035.

Third, China has incorporated the commitment of peaking carbon emissions and achieving carbon neutrality into its "14th Five-Year" Plan as well as the overall plan for achieving an ecological civilization, and also using the task of reducing pollution and carbon emissions and its synergy effects to promote a comprehensive social and economic green transition.

Fourth, as China enters into a comprehensive well-off society marked by a per capita GDP over US $ 10000, public awareness of green lifestyles has strengthened rapidly while the Covid - 19 pandemic has fueled public awareness on green development at the same time. It is predicted that the middle-income population will surge to 560 million during the "14th Five-Year" Plan period with a corresponding increasing in the rate of consumption by up to 60%. This huge potential will gradually build-up the solid social foundation necessary for realizing green consumption.

Fifth, the Covid - 19 pandemic has magnified the significance of a green and low-carbon transition and there is a new tide of interest in low-carbon transitions in the international community. These developments can greatly contribute to the advancement and replication of an in-depth green transition in China.

II. Several specific policy issues still need to be addressed in order to launch the green production and consumption campaign in China in a bid to accomplish the relevant targets set out in the "14th Five-Year" Plan

Although the "14th Five-Year" Plan of China has spelt out the targets for the transition to a green production and lifestyle, the relevant tasks and measures are quite preliminary within the existing framework. Therefore, more detailed and specific actions are needed for actual implementation, including well-designed supportive laws and regulations, policy mechanism and infrastructure construction.

1. Incorporating steps to achieve a comprehensive green production and consumption system into national legislation

The existing laws most closely related to green production and consumption include the Law of the People's Republic of China on Promoting Clean Production (enacted in 2002 and amended in 2012) and the Law of the People's Republic of China on Promoting Circular Economy (enacted in 2008 and amended in 2018). The building of a legal system centered on green production and consumption can be carried out along two different paths: the first is to integrate the above-mentioned two laws into one unified green production and consumption law, while the second is to amend the existing two laws, making a clear and rational identification of the legal boundary of the two by deleting the word "Promoting" and in this way making them more legally-binding so that they can serve as the basic laws for promoting green production and consumption and serve the demands for green development.

2. Formulating the national action plan on green consumption

The management of green production falls under the competency of government authorities for resource and energy, industry, infrastructure construction, economy and eco-environment, while implementation falls under the domain of enterprises. Green production as identified in the "14th Five-Year" Plan can be integrated in the portfolio and policy measures of relevant governmental departments. In contrast, green consumption involves a larger number of administrative departments covering all organizations, units and individuals from various sectors, adding complexity and challenges for a unified coordination and implementation. Bearing in mind the experience of Germany and Sweden, we think it is necessary to formulate a special national action plan on green consumption under the 14th " Five-Year" Plan in an effort to draw a middle and long-term implementation plan for more comprehensive, in-depth and specific initiation of the green consumption and lifestyle campaign.

3. Stressing source-based measures and a systemic methodology, fully initiating eco-design tools for industrial products and vigorously constructing green supply chain.

Studies have shown that 80% of resource and energy consumption and its environmental impacts are determined at the design stage of products. Eco-design of industrial products refers to the notion that systemic consideration should be given to the environmental impacts of a product through its entire lifecycle from the selection of raw materials to the production, sale, usage, recycle and disposal at the design and development stage in a bid to maximize the reduction of resource consumption, cutting or making it free from the use of toxic and hazardous raw materials and in this way cut pollution and emissions. The EU already passed eco-design legislation as early as 2009, while China has made some meaningful exploration thereof in recent years. The Chinese government should draw up technical specifications on eco-design and initiate an eco-design methodology while at the same time launch a lifecycle management approach that expands from a product and enterprise focus to include the entire industrial chain. The Chinese government should incorporate the concept of a green supply chain in the new development framework of the "dual circulation strategy" (in which the domestic economic cycle plays a leading role while the international economic cycle remains an extension and supplement) so as to build a green dual circulation development pattern.

4. Heightening efforts to certify green and low-carbon labeled products, relevant services and specialized enterprises so as to force the greening of production and services, expand green products and service provision and guide green consumption.

As green products and services are the key elements of green consumption, the expansion of green products and services provision is a natural basis for promoting green consumption. The SPS simulation showed that the provision of a consistent and appropriate subsidies for green products at the consumption stage is a viable and effective policy option for fostering a market for green products.

Certification of green and low-carbon products and services connects the consumer and the producer, which can leverage both green consumption and production which has proven to be an effective market-based mechanism, and a top-runner system. Since the EU and China have both accumulated rich experiences in this area, the Chinese government should further emphasize and give full play to the effect of this system in enhancing green production and consumption. First, top-level design should be stepped up to forge a unified certification system for green and low-carbon products and services, and this system should be integrated with related constraints and mandatory measures and incentives for achieving synergy effects; second, the certification should be expanded to the green and low-carbon performance of enterprises to exert the effect of the top-runner system; third, the Government Procurement Law should be revised to include governmental departments and institutional organizations at various levels and SOEs under the scope of green procurement requirements, and it should be explored if the scope of green products and services procurement can be widened into a compulsory green procurement system. Relevant incentive policies should be drafted to encourage other civil societies and enterprises to exercise green procurement. In addition, initial attempts could be taken to introduce a 'carbon neutral' requirement system for large-scale events organized by governmental departments and institutional organizations at various levels and SOEs; similar actions should also be called for other subjects.

5. Launching infrastructure construction and capacity building for green production and consumption

The two-year study of the SPS on the building of a green consumption assessment index system and evaluation methodology for China turned out to be quite unsatisfactory; a dominant underlying reason for this was the lack or relevant data for key indices. To rectify this, China must make simultaneous efforts to build relevant infrastructure and strengthen capacity following the full launch of the green production and consumption campaign during the 14th "Five-Year" Plan period. This includes:

1) Setting up a green consumption statistical system, including monitoring, data collection, accounting and an evaluation report on green consumption;

2) Constructing a green consumption assessment index system and middle and long-term objective index system based upon it. The relevant

assessment and objective indices could be set up on a regional and category specific basis accommodating the varied gap in natural conditions and development levels between urban and rural areas and different localities;

3) Building a unified green consumption information platform, publishing information on green products and services, raising the transparency for the production and consumption of green products and encouraging various stakeholders to take credit in the certification and assessment results of green products and services;

4) Beefing up capacity building and training on green consumption for the government, social organizations enterprises and the general public; setting up partnerships and networks among various stakeholders to boost active participation;

5) Making full use of digital technology to support green and low-carbon lifestyles. For example, a digital green and low-carbon lifestyle platform of nationwide influence and uniform and applicable standards can be constructed to support the green and low-carbon actions of individual consumers and organizations.

6. Encouraging the normalization of the green and low-carbon work patterns and lifestyles that emerged during the Covid – 19 pandemic, guarding against an impulsive growth of energy-intensive and heavily-polluting industries during economic recovery and supporting carbon neutrality.

Under the context of the Covid-19 pandemic, the popularization of such new working patterns and lifestyles as online-working, videoconferencing and Internet shopping have triggered the rapid growth of "no-contact" industries. These emerging industrial forms should be fully evaluated against their economic and environmental impacts so as to sift out and encourage the normalization of green and low-carbon work pattern and lifestyle. At the same time, resource and environmental management should be strengthened to gear up efforts to offer and spread training sessions on peaking carbon emissions and achieving carbon neutrality and related policies in a bid to prevent localities and enterprises from realizing economic recovery by resorting to new energy-intensive and heavily-polluting projects which would boost carbon emissions. Meanwhile, attention should also be given to new issues such as the sharp increase of packaging from online shopping by beefing up green logistic construction.

III. Conducting green taxation reform in the automobile industry

As the leading industry in China, automobile production also stands out as a key contributor to energy consumption, pollution discharges and GHGs emissions. In 2018, the consumption volume of gasoline and diesel from the transportation sector accounted for 46% and 68% of the national total, respectively; carbon emissions from automobiles accounted for 7.5% the national total. While the automobile sector accounted for 43.6% of the national total of NOx emissions, it contributed only to 20% of the NOx reductions achieved nationally. Therefore, great priority should be given to promoting green consumption and production in this industry.

In 2020, the SPS put forward policy recommendations related to the green development of the automobile industry in terms of production, procurement, usage and recycling, which are regarded as the four overarching breakthrough points needed to achieve a systemic green reform and development of this industry. With this in mind and based on previous study results, the following suggestions are made on green taxation reform of the automobile industry following due consideration to the need for conservation of raw material and fuel, pollution reduction and carbon neutrality:

The first is to implement the fiscal policies stimulating the development and usage of non-HFC substitutes and substituting technologies. The spreading of refrigerant compressors for the air conditioning of green automobiles can be achieved through reward and punishment taxation policies for the industry, namely incorporating automobile air conditioning refrigerant compressors into the emission checkup index and offering preferential reductions in the consumption and vehicle purchase taxes for vehicle models meeting refrigerant compressor emission and other relevant energy-conservation and environmental protection standards. In addition, the existing practice of promoting green automobiles of/less than 1.6L should be further carried out by incorporating emission requirements for refrigerant compressors to drive the application of green technologies and products including environment-friendly refrigerant compressors.

The second is to implement a preferential taxation policy promoting the extended producer responsibility system. A simplified tax levying method is to be adopted in order to tackle the problem of limited deductible input tax for enterprises as a result of the difficulty in obtaining input VAT invoices during the process of recovery of scrapped vehicles. While for other problems such as the huge investments needed for advanced technology and facilities for the recovery and dismantling of scrapped vehicles vs. the long capital payback period, corporate income taxes should be deducted for enterprises making large investments in environmental protection and passing related checkups. In order to boost the environmental performance of enterprises specialized in recovery and dismantling of scrapped vehicles, raise the price for recovered vehicles, reduce the number of such vehicles entering the black market and increase the overall vehicle recovery and recycling rate, R&D investments can be factored in by adding a deduction policy with 50% of the investment amount to be deductible from taxable income.

The third is to develop a reward and punishment tax policy for automobile products. Under the pretext of ensuring the overall tax balance of the automobile industry, optimization and adjustment is to be made to the existing automobile tax system to augment the regulation effect of existing taxes on energy conservation and environmental protection. The design of the policy shall combine both short-term and long-term objectives to outline different phases for implementation in line with the competitiveness and development stage of the industry. Specifically, during the 2021 ~ 2025 period, the current policy of vehicle purchase tax exemption for alternative fuel vehicles will be further exercised with a gradual phase-out; starting from 2026, new vehicle purchase taxes gauged on an energy-efficiency index coupled with a reward and punishment based consumption tax will be ushered in. Presently, China has already built up a rather comprehensive fuel consumption standard system for passenger vehicles, thus making it quite viable to integrate related indices into the automobile taxation system. The implementation of such a reward and punishment system should be carried out in a step-by-step manner with the addition of the index of fuel consumption volume/100 km for passenger vehicles to the existing tax system as a first step, to be gradually followed by a vehicle emission index, and a power consumption index for electric vehicles when the time is ripe.

As the simulation analysis pointed out, the execution of the above green taxation reform in the automobile industry shall yield substantive effects in various aspects ranging from a cut of input of raw materials in automobile production, an increase in production volume of alternative fuel vehicles to the reduction of fossil fuels, the substitution of refrigerant compressors and emission reductions of CO_2 and other regular pollutants.

IV. Introducing green design policies for the iron and steel industry

In 2019, the volume of crude steel produced by China equaled 53.3% and pig iron 64.2% of world totals. The iron and steel sector not only dominates the discharge of regular pollutants in China, but also overshadows other industries in terms of carbon emissions, accounting for 15% of the national total. Therefore, the promotion of green product design in the industry and an increase in the environmental-friendliness of its products, starting from the very beginning stage of design is of great significance for its green development and future green trade.

In recent years, the Chinese government has attached great importance to the issue of green development of this sector by resorting to measures including heightening resource and energy efficiency, industrial layout adjustment and restructuring, improvement of pollution prevention and control and improvement of key production technologies as well as the implementation of a clear-cut plan for a green manufacturing system for this industry. Currently,

30-odd industrial standards on green design for iron and steel products are under research and drafting. However, viewed holistically, the concept of green design has yet to mainstream the green development of the iron and steel industry, which is still characterized by outdated standards, lack of incentive measures and relevant capacity, directly hampering the in-depth advancement of the green development of the industry.

In this connection, the following recommendations are put forward:

1. Enhancing the top-level design of green policy and building a promotion mechanism involving the different departments and upper and lower reaches of the industry

The top-level design of green policy aims to draw up a roadmap and construction map for both overall and long-term implementation. The building of coordination mechanisms would require relevant governmental departments to unify their efforts and the observation of uniform standards and specifications through the industry to set up a green industrial chain.

2. Introducing an entire lifecycle evaluation method for the iron and steel industry

Enterprises in this sector shall be guided to make extensive application of the entire lifecycle concept, methodology, data and plans for their industrial production and service provision. To this end, a green iron and steel product evaluation system shall be construct and consolidated, a database for resource and environmental impact of products along the entire lifecycle shall be developed, and the resource and energy intensity and related environmental indices shall be quantified to specify the green level of a product; green improvement plans for products shall be developed for the various stages in the lifecycle; and a technical service system shall be set up for enterprises to translate green design into real production.

3. Developing green design standards, an evaluation system and certification and recognition systems for the iron and steel industry featuring synergy effects in reducing pollution and carbon emissions

As green design standards act as the basic technical baseline for conducting green design in the industry, the construction of a relevant evaluation system and certification and recognition system addressing the performance of enterprises can act as a barometer for management and the market. These systems should be drafted covering the entire lifecycle of the industry with unified consideration to resource and energy efficiency, pollution prevention and control and reduction of carbon emissions to realize synergistic effects.

4. Tie evaluation results and the certification and recognition of green design to the setup of relevant incentive mechanisms

Evaluation results and the certification and recognition of green design in the iron and steel industry should be pegged to relevant policies and administrative measures, such as environmental credit appraisal, environmental taxes, the tax revenue derived from the integrated utilization of resources, pollution responsibility insurance, the frequency and times of environmental surveillance, governmental green procurement, corporate tax income and fiscal subsidies, in order to forge a comprehensive incentive policy and mechanism for the practice of green design by the industry.

5. Supporting the iron and steel industry to carry out personnel training and capacity building on green design

By relying on various industrial associations, universities and research institutions, national and local governments can support enterprises in this sector in training of personnel specialized in green design and strengthening professional skills with capital, intelligent resources and technologies.

V. Employing the concept and methodology of eco-design to upgrade waste incineration facilities into green facilities that provide products for enhancing living environment

Power generation from waste incineration has already mainstreamed domestic refuse treatment methods in China with an ever-surging construction of related facilities. In 2020, China boasted 519 domestic refuse incineration power generation facilities. An additional 476 such facilities shall be constructed in the next decade according to plans released for 18 provinces and municipalities.

China has encountered two major obstacles in the construction and operation process of waste incineration facilities: first, with the unsound environmental performance of some facilities in operation, local residents of adjacent communities have been negatively impacted, thus causing public discontent and complaints; second, with the rapid betterment of people's living standards, the public has become quite sensitive to environmental quality and risks and may have a bias against waste disposal facilities seeing them as "dirty", and thus generating strong emotional resistance to existing waste disposal facilities or the construction of such facilities, a typical Not In My Backyard (NIMBY) situation.

Regarding the first issue, the Chinese government has made substantial improvement through heightened surveillance in recent years. As indicated by the national public platform on monitoring data from waste incineration power plants, the emission concentration of flue gas from almost all domestic refuse incineration power generation facilities meet national standards with most facilities even making better performance in flue gas emissions than prevalent national standards. Current Chinese waste incineration power generation technologies and equipment has put China in the leading position worldwide from the perspective of technical capability.

In terms of NIMBYism, the Chinese government has taken integrated measures from various technological, management, social and informational aspects, greatly curbing NIMBY cases. However, since NIMBY is a rather complex problem comprised of multiple factors, including psychological factors and the interests of stakeholders associated with the environmental performance and risks of the facility as well as the overall social-economic development stage. Viewed from the perspective of the social-economic and environmental protection development situation of China, environmental NIMBY incidences will reoccur well into the future. Only long-term, stable and effective solutions can elevate the functioning of waste incineration power plants, and change their image with the public.

The SPS has come up with the following suggestions to further green development: the concept and methodology of eco-design should be employed to upgrade waste incineration facilities into green facilities that can enhance the surrounding living environment.

The specific method for achieving this includes the construction of a string of technical standards under the four categories of environmental safety, ecological harmony, community friendliness and economic efficacy. The waste disposal facilities constructed and operated in light of these standards shall be enabled with multiple functions: first, the problem of pollution from waste will be solved without any further environmental risks; second, the facilities will be in coordination and harmony with the local ecological landscape, the urban design layout and features as well as local customs and culture; third, the operation of the facility shall benefit local communities, thus creating a benign interaction. In addition, economic efficacy will be a key issue to consider. Presently, successful cases can be found in Chinese cities like Huizhou, Changzhou and Hangzhou.

The specific practical steps are as follows: first, existing regulations on the construction and operation of waste incineration power generation facilities should be integrated into a unified set of green standards and technical specifications; second, experience is to be accumulated from exercising the top-runner system with these green standards followed by large-scale duplication.

VI. Exercising a sustainable (green) food consumption policy

The sustainable consumption of food has been gaining more and more attention from international society, since food spoilage and waste implies an ineffective consumption of resources, considering also food production and the corresponding emission of GHGs. Waste food with its varied disposal methods also generates a huge amount of GHGs emission. Should we treat all the wasted food generated worldwide as a nation, it would be the third largest emitter of GHGs globally.

The situation in China is also far from gratifying. On the one hand, there is a huge overall loss and level of waste throughout the food supply chain. As the sample survey of the State Bureau of Grain Reserve showed, the annual loss of grain from production to final consumption stood at 135 billion tons in 2016, equal to roughly 10% of the total grain yield in that year. In China, the average spoilage rate of fruits is 20% – 30% during transportation, and there is a similar spoilage rate for vegetables: 30% – 40%. On the other hand, more food spoilage and waste occurs at the consumption stage. As the 2018 survey report of the Institute of Geographic Sciences and Natural Resources Research of the Chinese Academy of Sciences indicated, the annual amount of food wasted from the dining table alone was 17 – 18 million tons from 2013 – 2015, enough to feed 30 – 50 million people for a whole year. In 2018, the amount of kitchen waste was over 100 million tons with the daily average nearing 300, 000 tons. Researchers estimate that China's annual CO_2 emissions from food calculated over the entire lifecycle stands at 1.605 billion tons. The similar figure would still be as high as 300 million tons even if we assume only a one-fifth food spoilage and waste rate (in comparison the FAO estimates the world average is roughly a one-third spoilage and waste rate).

The SPS is glad to see that the Anti-food Waste Law of China was officially enacted and put into effect on April 29, 2021 as our research proposes policy recommendations on green food consumption. As a green and low-carbon consumption model underpins this law, numerous stipulations have been made for various consumption stages and subjects. The SPS regards the law as being more than a law simply opposing food waste; it is the first of its kind to enhance a green and low-carbon lifestyle in China and should be fully implemented. In specific, four major tasks are needed: first, as green consumption of food involves every household, there should be large-scale and continuous popularization of the law and public and stakeholder awareness raising about the content of the law; second, feasible and detailed rules and regulations must be drafted targeting specific stipulations in the law for its effective implementation; third, relevant government departments, industrial associations and social organizations should take the lead in working with catering enterprises and consumers should exercise self-discipline; fourth, scientific research and data collection and statistical work on sustainable consumption of food should be upgraded with a regular reporting system.

Ⅶ. Accelerating and Deepening the Green Consumption Transition: International Experiences

International experiences with promoting sustainable consumption, including the United Nations' 10-Year Framework of Programmes on Sustainable Consumption and Production initiated in 2012, show that past efforts to address sustainability problems have often failed to examine consumption and production processes in their full complexity or across their entire value chain. Innovative business models that follow a system perspective to achieve lower environmental and social impacts are needed to mitigate the increasing demand for products and services. Consumers must also be incentivized to consume at more sustainable levels, with less waste and more focus on product quality and the social and environmental impacts of their purchasing behavior. This requires sustainability considerations at all levels from the setting of green transition visions and pathways through to implementation and the introduction of a broad array of new regulatory and market-based policies and measures as well as educational campaigns.

In the current context of post-corona pandemic recovery and the transition to low carbon development, the following recommendations may be of particular interest for China as it designs its own green transition policies and social governance system.

1. Follow a holistic approach to support sustainable development, link sustainability to post-corona recovery

In developing approaches to support sustainable consumption, follow a holistic approach. This means a focus on the complete value chain from material and energy inputs, through to product design and production processes to product use and post-consumption management. Green transition and social sustainability are complex challenges that call for a system perspective. Furthermore, link sustainability to post-corona recovery. Corona recovery plans provide an opportunity to make some of the major infrastructural investments and policy transitions that will be needed for the green recovery. If these recovery funds are directed towards the green transition and the creation of green jobs and green infrastructure, green innovation will flourish.

2. Demonstrate and foster sustainable lifestyles and education, integrate new digital technologies along products' entire value chains

Launch campaigns to promote sustainable lifestyles, drawing on the Swedish and Japanese co-led program (2012-22) on sustainable lifestyles and education, which aim at fostering the uptake of sustainable lifestyles as the common norm to address global challenges such as biodiversity conservation, resource efficiency, climate change mitigation, poverty reduction and social well-being. Education for sustainable living for future generations and scenarios for 1. 5 degree living in 2050 will be important to realize a green transition and increased well-being. Provide consumers with information about the sustainability of products through websites, educational campaigns, and certification systems and launch educational campaigns to promote sustainable lifestyles as is occurring in international society, including in Japan.

Integrate new digital technologies into production processes along the entire value chain of products to enhance efficiencies. Use internet platforms and social media to disseminate information about the importance of the green transition and steps that can be taken by individuals and businesses to make a difference. A green transition requires an overall digital structural transformation that considers the goals and targets set in Agenda 2030.

3. Make use of green taxation and economic incentives to encourage lifestyle balancing in the post-pandemic future

Make use of green taxation and economic incentives. Tax products with high environmental externalities and provide incentives to promote the purchase of more environmentally sustainable products. Tackle fields which to date have received too little attention in sustainability discussions, such as the food supply system and textiles. These are fields with large ecological footprints. Encourage lifestyle changes that promote greater life-work balance and encourage sustainable enjoyment of nature in the post-pandemic era.

图书在版编目（CIP）数据

中国绿色消费战略研究／任勇等著. -- 北京：社
会科学文献出版社，2024.6（2025.9重印）
　　ISBN 978-7-5228-3023-0

　　Ⅰ.①中… Ⅱ.①任… Ⅲ.①绿色消费-研究-中国
Ⅳ.①F126.1

　　中国国家版本馆 CIP 数据核字（2023）第 241597 号

中国绿色消费战略研究

著　　者／任　勇　等

出 版 人／冀祥德
责任编辑／宋　静
责任印制／岳　阳

出　　版／社会科学文献出版社·皮书分社（010）59367127
　　　　　　地址：北京市北三环中路甲 29 号院华龙大厦　邮编：100029
　　　　　　网址：www.ssap.com.cn
发　　行／社会科学文献出版社（010）59367028
印　　装／唐山玺诚印务有限公司

规　　格／开　本：787mm×1092mm　1/16
　　　　　　印　张：17.5　字　数：201 千字
版　　次／2024 年 6 月第 1 版　2025 年 9 月第 2 次印刷
书　　号／ISBN 978-7-5228-3023-0
定　　价／128.00 元

读者服务电话：4008918866

.